Quiz
Baden-Württemberg

Frieder Gscheidle

Quiz
Baden-Württemberg

Wer? Wie? Was? Wo? – Die Landeskunde

Silberburg-Verlag

Der Publizist, Journalist und Verlagsmitarbeiter **Frieder Gscheidle,** 1955 in Stuttgart geboren, beschäftigt sich seit Jahrzehnten mit baden-württembergischer Landeskunde und Landesgeschichte.

1. Auflage 2011

Umschlaggestaltung: Christoph Wöhler, Tübingen.
Druck: Grammlich, Pliezhausen.
Printed in Germany.

ISBN 978-3-8425-1142-2

Das Vor-der-Haustür-Quiz

Wer in Baden-Württemberg lebt, wer einen persönlichen Bezug zu Südwestdeutschland hat oder wer zwischen Heidelberg und Bodensee Urlaub macht, wird Spaß an diesem Buch haben. So hoffe ich jedenfalls. Die Fragen (und ihre Antworten) sind alle ganz konkret und ganz nah. Sie drehen sich thematisch alle um unser Bundesland, um Menschen, die hier leben, Städte, hier liegen, um baden-württembergische Regionen, Berge, Flüsse, Täler, um Statistiken, interessante Tatsachen oder skurrile Sachverhalte.

Quiz ist ein Spiel. Man kann damit sein Wissen testen, kann unaufdringlich etwas dazulernen. Natürlich spielt auch Glück eine Rolle. Und Quiz regt zu Gesprächen an, vielleicht im einen oder anderen Fall auch zum Weiterlesen und -forschen.

Auf dem Titel steht das Wort »Landeskunde«. Das klingt, ich weiß, ein bisschen trocken. Es bedeutet, dass die Fragen einen geographisch-touristischen Schwerpunkt haben, dass sie sich an der Gegenwart orientieren. Viele Antworten enthalten ganz nebenbei auch Ausflugstipps – Hinweise auf Museen, Events oder Naturschönheiten. »Landes*kunde*« heißt auch, dass nicht die Landes*geschichte* im Vordergrund steht wie bei meinem Büchlein »Wer? Wie? Was? Wo? Landesgeschichte Baden-Württemberg. Das Quizbuch« (Silberburg-Verlag, Tübingen 2009).

Die 150 Fragen dieses Buches sind – wie bei »Wer wird Millionär?« – in 15 Schwierigkeitsgrade gestaffelt. Zu jeder Frage sind vier Antworten vorgegeben, von denen jeweils genau eine richtig ist.

Rechts stehen immer die Fragen, auf der Rückseite die Antworten, immer mit einer kurzen Erläuterung.

Man kann das »Quiz Baden-Württemberg« allein spielen, zu zweit oder in größerer Runde. Man kann die Quizfragen einfach zum Spaß lösen oder man kann die angegebenen Punkte notieren und einen kleinen Gewinn vereinbaren. Man kann das Buch systematisch von Frage 1 bis 150 durchgehen, man kann aber auch einfach irgendwo aufschlagen oder mit geschlossenen Augen auf eine Frage tippen. Ich wünsche Ihnen auf jeden Fall viel Vergnügen!

Ein Buch zu veröffentlichen geht nur in Teamarbeit. Ich danke allen, die mich mit Rat und Tat unterstützt haben, allen, auf deren Wissen und auf deren Forschungsergebnisse ich zurückgreifen durfte, und allen, die dem Buch seine Form gegeben und die es an den Mann und die Frau gebracht haben.

Dieses Buch wurde mit Sorgfalt recherchiert; die Informationen wurden mehrfach geprüft. Dennoch können wir für die Richtigkeit und Vollständigkeit vor allem der Antworten keine Haftung oder Gewährleistung übernehmen – dafür bitten wir um Ihr Verständnis. Bedenken Sie bitte auch, dass Informationen in einem Buch nicht so aktuell sein können wie im Internet.

Bitte lassen Sie den Verlag und mich wissen, wie Ihnen dieses Buch gefallen hat! Schreiben Sie an den Silberburg-Verlag, Schönbuchstraße 48, D-72074 Tübingen, mailen Sie an info@silberburg.de oder schicken Sie uns die beigelegte Postkarte.

Frieder Gscheidle

1 Punkt

1 Welches Bundesland hat keine gemeinsame Grenze mit Baden-Württemberg?

A Bayern

B Hessen

C Rheinland-Pfalz

D Saarland

1 Punkt

2 Welche Stadt gehört zu Baden-Württemberg?

A Nördlingen

B Straßburg

C Lindau (Bodensee)

D Mannheim

Antwort 1

D

Das Saarland ist durch gut 70 Kilometer Rheinland-Pfalz von Baden-Württemberg getrennt.

Antwort 2

D

Die Gemarkung des Stadtkreises Mannheim grenzt zwar im Norden an Hessen und im Westen an Rheinland-Pfalz, sie selbst gehört aber zu Baden-Württemberg. Mit 310 000 Einwohnern ist Mannheim die zweitgrößte Stadt des Bundeslandes. Nördlingen und Lindau sind bayrisch. Straßburg (französisch Strasbourg) ist die Hauptstadt des Départements Bas-Rhin im Elsass und gehört damit zu Frankreich.

1 Punkt

3 In Ulm, um Ulm
und ...?

A ... um Ulm herum.

B ... Uhu mal Rum.

C ... zwar mit Publikum.

D ... von Pfuhl nach Suhl.

1 Punkt

4 Welcher europäische Strom kommt
aus Baden-Württemberg?

A Don

B Moldau

C Donau

D Wolga

Antwort 3

A

Es ist nur ein Zungenbrecher ohne tiefere Bedeutung, aber weil er so einprägsam ist, wird er gern und viel zitiert. Wie bei allem mündlich Überlieferten gibt es natürlich auch hier verschiedene Versionen. So sang Gus Backus beispielsweise 1969, dem Schlagerrhythmus zuliebe um ein »und« erweitert: »In Ulm und um Ulm und um Ulm herum«.

Antwort 4

C

Die Donau ist der drittlängste Fluss Deutschlands und der zweitlängste Europas. »Brigach und Breg bringen die Donau zuweg«, das lernt man in Baden-Württemberg schon in der Schule. Die Breg entspringt bei Furtwangen im Schwarzwald, die Brigach in der Gegend von Sankt Georgen im Schwarzwald. Nach 46 beziehungsweise 40 Kilometern treffen sie östlich von Donaueschingen (Schwarzwald-Baar-Kreis) aufeinander. Strenge Geographen sehen die mündungsfernere Quelle, nämlich die der Breg, zugleich als Donauquelle an und zählen die Länge des Stromes ab hier. Wenn's nach den Fürsten von Fürstenberg ginge, wäre alles ganz anders. In deren Schlosspark in Donaueschingen entspringt ein Bach, der sich nach genau hundert Metern in die Brigach ergießt. Die Fürsten tauften ihn auf den Namen Donau und verbreiteten die Legende, sie seien die Besitzer der Donauquelle.

1 Punkt

5 In 320 Städten und Gemeinden des Landes fließt Bodenseewasser aus den Hahnen. Wann wird der See leergetrunken sein?

A In etwa 20 Jahren, wenn der Verbrauch weiterhin so zunimmt.

B Rechnerisch in 385 000 Jahren.

C Die Bilanz ist ausgeglichen, denn es darf nur soviel Wasser entnommen werden, wie durch Flüsse nachfließt.

D Nie.

1 Punkt

6 Wo kommen die echten Teddys her?

A Von Märklin aus Göppingen

B Von Steiff aus Giengen an der Brenz

C Von Ravensburger aus Ravensburg

D Von Pustefix aus Tübingen

Antwort 5

D

Die nach dem Zweiten Weltkrieg gegründete Bodenseewasserversorgung pumpt qualitativ sehr hochwertiges Trinkwasser vor allem auf die wasserarme Schwäbische Alb und in den mittleren Neckarraum, aber auch bis nach Bad Mergentheim. Im Versorgungsgebiet leben vier Millionen Einwohner, allerdings gibt es viele Städte und Gemeinden, die das Bodenseewasser mit Trinkwasser aus anderen Quellen mischen. Die Bodenseewasserversorgung entnimmt im Jahr etwa 125 Millionen Kubikmeter Seewasser, andere Wasserwerke zusätzlich etwa 50 Millionen Kubikmeter. Die Gesamtmenge entspricht 1,5 Prozent des gesamten Wasserzuflusses. Da der Wasserverbrauch stagniert, hat die Trinkwasserentnahme nur den Effekt, dass der Wasserspiegel ein bisschen niedriger liegt, als er läge, wenn es die Bodenseewasserversorgung nicht gäbe.

Antwort 6

B

Wahrscheinlich ist er deshalb ein so großer Erfolg geworden, weil er nicht lacht: Für Kinder ist der Teddybär ein ernster und damit ernstzunehmender Partner. Erfunden wurde er 1902 von Richard Steiff, einem Neffen der Firmengründerin Margarete Steiff. »Bär 55PB« hieß er damals nüchtern. Die Zahl bezeichnete seine Größe, 55 Zentimeter, »P« stand fürs Material Plüsch, »B« für »beweglich«. Anfangs war dieses Kuscheltier nicht besonders erfolgreich, bis ein amerikanischer Einkäufer 3000 Stück auf einen Schlag bestellte. Seinen Namen hat der Teddy ebenfalls aus Amerika, nämlich vom US-Präsidenten Theodore Roosevelt: Auf einem Jagdausflug hatte sich Mister President geweigert, ein angebundenes Bärenjunges zu erschießen, woraufhin er von Karikaturisten immer mit einem Bär dargestellt wurde. Heute stellt die Firma Steiff 127 verschiedene Teddymodelle her. In Giengen an der Brenz, der Heimat und Geburtsstätte des Teddybären, wird in einem Erlebnismuseum die Geschichte des Teddys nachgezeichnet und es gibt mehr als 2000 Tiere mit dem berühmten Knopf im Ohr zu sehen.

1 Punkt

7 In welcher Gegend Baden-Württembergs liegt Crailsheim?

A In der Kurpfalz

B Im Markgräflerland

C In Franken

D In Oberschwaben

1 Punkt

8 Auf der Mainau kann man ...?

A ... viele Blumen sehen.

B ... die älteste funktionierende Schleuse Deutschlands bewundern.

C ... auch im Sommer Ski fahren.

D ... ganzjährig auf Maibäume klettern.

Antwort 7

C

Ja, Franken liegt nicht nur in Bayern, wo Städte wie Aschaffenburg, Würzburg, Ansbach, Nürnberg, Bamberg, Bayreuth, Coburg oder Hof das fränkische Gebiet markieren, vielmehr ragt es mit einem Zipfel nach Thüringen hinein und mit einer gar nicht kleinen Ecke nach Baden-Württemberg. Der nordöstliche Teil des Südweststaats heißt sogar offiziell »Region Heilbronn-Franken«. Der Hohenloher Dialekt und das Tauberfränkische gehören zu den fränkischen Mundarten. Die 33 000-Einwohner-Stadt Crailsheim (Landkreis Schwäbisch Hall) liegt zwischen dem Schwäbisch-Fränkischen Wald und der Frankenhöhe im Jagsttal. Das Fränkische Volksfest lockt jeden September mit Bierzelten, Rummelplatz, Feuerwerk, Gewerbeausstellung und dem legendären Draisinenrennen 250 000 Besucher nach Crailsheim. Es ist das zweitgrößte Volks- und Heimatfest Baden-Württembergs.

Antwort 8

A

1,2 Millionen Besucher zieht die »Blumeninsel« Jahr für Jahr an. Nach Reichenau und Lindau ist die Mainau die drittgrößte Insel im Bodensee. Mit einer Fläche von 45 Hektar ist sie nur etwa halb so groß wie der Europa-Park in Rust. Sie liegt im Überlinger See und gehört zum Konstanzer Stadtteil Litzelstetten. Das Klima ist so günstig, dass hier subtropische Pflanzen gedeihen. 1853 kaufte der spätere Großherzog Friedrich I. von Baden die Mainau und gestaltete sie zur Parklandschaft um. 1928 vermachte Friedrich II. die Insel seiner Schwester Viktoria, Königin von Schweden; 1932 verzichtete Prinz Lennart Bernadotte auf eine mögliche Thronfolge in Schweden und wählte die Mainau als seine neue Heimat. Heute ist die Mainau einer der bedeutendsten privaten Parks und botanischen Gärten in Mitteleuropa. Besondere Anziehungskraft üben das Schmetterlingshaus, der Duftgarten, der Kräutergarten, die Blumen-Wassertreppe, das Palmenhaus, saisonale Schauen und das Deutschordensschloss aus. Acht Restaurants verköstigen die Besucher, die besonders gern mit dem Schiff anlanden.

1 Punkt

9 Am Gründonnerstag gibt's in alteingesessenen württembergischen Familien traditionell ...?

A ... Schnauztüten.

B ... Maultaschen.

C ... Klappensäcke.

D ... Mundbeutel.

1 Punkt

10 Welcher Brand aus dem Land ist wohlbekannt?

A Kraichgauer Clementinenschnaps

B Schwarzwälder Kirschwasser

C Allgäuer Käsedestillat

D Hohenloher Horaffenbrand

Antwort 9

B

Maultaschen sind eine Spezialität der schwäbischen Küche. Nudelteig wird mit Eiweiß und dann zur Hälfte mit einer Masse aus Hackfleisch oder Bratwurstbrät, Eiern, eingeweichten Brötchen, Petersilie und Spinat dick bestrichen. Die verbliebene Teighälfte klappt man um, trennt Abschnitte in der Größe einer Kinderhand ab, die »Taschen«, und lässt sie kurz kochen, dann im heißen Wasser ziehen. Man isst Maultaschen »in der Brühe«, das heißt als Suppe, »geschmälzt«, also mit gerösteten Zwiebeln oder gebräunten Semmelbröseln übergossen und von Kartoffel- und grünem Salat begleitet und »geröstet«, nämlich in Scheiben geschnitten und angebraten, oft im Eimantel. Es heißt, man habe sie in Württemberg am Gründonnerstag als »Herrgottsbscheißerle« gegessen, weil das Fleisch unterm Nudelteig versteckt war. Doch Altwürttemberg ist traditionell protestantisch, und Protestanten kennen keine Fastenzeit.

Antwort 10

B

»Schwarzwälder Kirschwasser« ist eine von der EU geschützte Herkunftsbezeichnung. Die Kirschen für diese hochprozentige Spezialität stammen tatsächlich aus dem Schwarzwald oder seinem Vorland. Schon seit Jahrhunderten gedeihen an den Schwarzwaldhängen, dem milden Rheintal zu, Obstsorten wie Zwetschgen, Mirabellen, Birnen oder »Zibärtle« (das sind Wildpflaumen), die von vielen kleinen und einigen größeren, eher industriell organisierten Brennereien in Schnaps verwandelt werden. Fürs Kirschwasser wurden spezielle Sorten gezüchtet, die klein, schwarz und sehr süß sind. Sie werden ohne Stiel und Stein und ohne Zusatz von Zucker vergoren und dann destilliert. Schwarzwälder Kirschwasser muss einen Alkoholgehalt von mindestens 40 Volumenprozent aufweisen. Man sagt, nach einer Reifezeit von zwei Jahren schmecke es am besten. Viele Brennereien bieten Besichtigungen und Schnapsproben vor Ort an.

1 Punkt

11 Ich hab mein Herz ...

A ... in Hockenheim verschlossen.

B ... in Heidelberg verloren.

C ... in Heidenheim verborgen.

D ... in Heddesheim vergoldet.

1 Punkt

12 Wie heißt der Steilabfall der Schwäbischen Alb?

A Albtrauf

B Zollernsturz

C Heidengraben

D Donauklippe

Antwort 11

B

Nein, der berühmte Gassenhauer ist weder ein Volks- noch ein Studentenlied, vielmehr wurde der Ohrwurm 1925 von Fred Raymond (1900–1954) komponiert und sofort zum Megahit. Ein gleichzeitig gedrehter Stummfilm mit Gertrud de Lalsky und Werner Fütterer adaptierte den Titel und ließ ihn vollends zum geflügelten Wort werden. Raymond hatte die Rechte an seinem Marsch für eine Pauschale von 300 Mark an den Wiener Bohème-Verlag abgetreten. Um doch noch in den Genuss seines Erfolges zu kommen, rankte er um seinen Schlager eine ganze Operette, die ab 1927 Tausende von Vorstellungen in ganz Europa und in Amerika erlebte. Das Libretto stammt, wie der Text des Liedes, von Fritz Löhner, genannt Beda, und Ernst Neubach. Alle drei Künstler lebten nicht in Heidelberg, sondern in Wien. 1952 bildete der Schlager die Grundlage für einen weiteren Heimatfilm, diesmal mit Eva Probst, Adrian Hoven und Paul Hörbiger.

Antwort 12

A

Ha, Donauklippe! Nein, zur Donau hin fällt die Schwäbische Alb sanft, ja kaum merklich ab; sie ist überhaupt ein Gebirge in Schräglage wie ein Neigungszug in der Haarnadelkurve. Im Nordwesten jedoch, bei Aalen, Schwäbisch Gmünd, Göppingen, Reutlingen, Balingen und Trossingen, bildet sie Erhebungen, deren Gipfel teilweise mehr als 1000 Meter über Normalnull aufragen. Das Vorland liegt bei etwa 500 m, der Albtrauf überbrückt also einen Höhenunterschied von bis zu 500 Metern. Die vielfach gezackten und eingekerbten Schichtstufenhänge bilden natürliche Aussichtsterrassen. Der Grat, die Talränder und die vorgelagerten »Zeugenberge« tragen eine Kette von Burgen, Schlössern und Ruinen, deren bekannteste Kapfenburg, Rosenstein, Hohenrechberg, Hohenstaufen, Reußenstein, Hohenneuffen, Teck, Hohenurach, Lichtenstein und Hohenzollern sein dürften. – Beim Heidengraben handelt es sich um die größte keltische Stadtanlage in Deutschland. Bei Erkenbrechtsweiler haben die Kelten unter Ausnützung des steilen Albtraufs im 1. Jahrhundert v. Chr. ein Gebiet von 1662 Hektar befestigt.

2 Punkte

13 Welche Stadt liegt nicht in Baden-Württemberg?

A Memmingen

B Isny im Allgäu

C Wertheim

D Lörrach

2 Punkte

14 Welches Reiseziel führt den amerikanischen Weltenbummler auf gar keinen Fall nach Baden-Württemberg?

A Lake Constance

B Black Forest

C Neuschwanstein Castle

D Heidelberg

Antwort 13

A

Die Gemarkung der kreisfreien Stadt Memmingen (42 000 Einwohner) grenzt an die Landkreise Ravensburg und Biberach. Sie selbst aber liegt im Regierungsbezirk Schwaben. Und der gehört zu Bayern.

Antwort 14

C

Schloss Neuschwanstein gehört zur Gemeinde Schwangau, Landkreis Ostallgäu, im bayerischen Regierungsbezirk Schwaben.

Der Schwarzwald (»Black Forest«) liegt vollständig in Baden-Württemberg; dasselbe gilt für Heidelberg. Und vom Ufer des Bodensees (»Lake Constance«) entfallen immerhin etwa 62 Prozent, also fast zwei Drittel, auf Baden-Württemberg.

2 Punkte

15 Wo in Baden-Württemberg leben Hunderte von Affen außerhalb jeden Käfigs?

A Salm

B Salem

C Salam alaikum

D Salome

2 Punkte

16 Zum Hohentwiel gehört ...?

A Singen

B Lachen

C Flüstern

D Kreischen

Antwort 15

B

Die Wallfahrtskirche Birnau und Schloss Salem sind sechs Kilometer voneinander entfernt. Genau in der Mitte liegt der Mendlishauser Hof, hinter dem sich der »Affenberg Salem« erhebt. Seit 1976 leben hier mehr als 200 Berberaffen in einem 20 Hektar großen Wald. Die Besucher treffen die Tiere frei in ihrem Lebensraum, ohne Gitterstäbe, Glasscheiben, Käfige oder Gräben. Der Park gehört Baron Gilbert de Turckheim, der auch in Frankreich und England ähnliche Anlagen betreibt. Die Makaken kommen ursprünglich aus dem nordafrikanischen Atlasgebirge mit ähnlichem Klima wie am Bodensee. Übrigens war Schloss Salem zunächst ein Zisterzienserkloster (gegründet 1137); es wurde nach dem alttestamentarischen Ort des Friedens »Salem« oder »Jerusalem« (1. Mose 14,18 und Psalm 76,2) benannt. In diesem Namen steckt dieselbe Wortwurzel wie im hebräischen und im arabischen Friedensgruß »Schalom« beziehungsweise »Salam alaikum«.

Antwort 16

A

Die 45 000-Einwohner-Stadt Singen (Hohentwiel) bildet das Zentrum des Hegaus, einer Vulkanlandschaft zwischen oberer Donau und oberem Hochrhein. Singen gehört zum Kreis Konstanz; es ist eine Industrie- und Einkaufsstadt und liegt nur fünf Kilometer vom Bodensee entfernt. Am Rande der Innenstadt erhebt sich der Singener Hausberg, der Hohentwiel. Er ist, wie die anderen Hegauberge auch, vulkanischen Ursprungs. Der Hohentwiel trägt die größte deutsche Festungsruine. Schwäbische Herzöge errichteten die Burg im Jahr 914. 1538 wurde der Hohentwiel an Herzog Ulrich von Württemberg verkauft; in den Jahren danach haben ihn die Württemberger zur Landesfestung ausgebaut. Oft angegriffen, konnte er nie eingenommen werden. Im 18. Jahrhundert diente das Bollwerk als Staatsgefängnis. Im Jahr 1800 wurde es kampflos an die napoleonische Armee übergeben und von den Franzosen geschleift. 1969 hat man den Hohentwiel vom württembergischen Tuttlingen ins badische Singen umgemeindet. Heute zieht der markante Berg mit seiner Aussichtsruine jährlich etwa 86 000 Besucher an.

2 Punkte

17 Woraus besteht der Bodensee?

A Aus Obersee, Untersee und dazwischen dem Seerhein.

B Aus Linkssee, Rechtssee und dazwischen dem Mittellandkanal.

C Aus Vordersee, Hintersee und dazwischen dem Zwischenrhein.

D Aus Großsee, Kleinsee und dazwischen der Konstanzer Mittelgroßverbindung.

2 Punkte

18 Was Bühl seine Zwetschgen, ist Schwetzingen sein ...?

A ... Kürbis.

B ... Spargel.

C ... Zitronenbaum.

D ... Kraut.

Antwort 17

A

Am »Rheinspitz« gegenüber von Lindau, also im Südosten, fließt der Rhein, von Chur und Vaduz kommend, in den Obersee. Der Überlinger See ist ein Teil des Obersees. In Konstanz wird der Rhein wieder zum Fluss, dem so genannten Seerhein. Er ist etwa vier Kilometer lang. Dann folgt der Untersee, der nur etwa ein Siebtel so groß ist wie der Obersee. Im Untersee bildet der Fluss den Rheinsee, bis er bei Stein am Rhein wieder zum puren Fließgewässer wird und dem Rheinfall zuströmt. Den Teil des Untersees nördlich der Insel Reichenau nennt man Gnadensee; die beiden Finger, die sich im Nordwesten anschließen, heißen Zeller See (südlich von Radolfzell am Bodensee) und Markelfinger Winkel (nördlich davon).

Antwort 18

B

Weder das Klima noch der Boden sind der Grund, warum in der 22 000-Einwohner-Stadt Schwetzingen (Rhein-Neckar-Kreis) so viel Spargel angebaut wird. Schon im 17. Jahrhundert ließen die Pfälzer Kurfürsten das königliche Gemüse zum eigenen Gaumenkitzel im Schlossgarten kultivieren. 1803 fiel Schwetzingen an Baden, und ab 1820 baute Gartendirektor Johann Michael Zeyher das »weiße Gold« in größerem Umfang an. 1853 wurde hier die erste Spargelgenossenschaft der Welt gegründet. Weiteren Aufschwung nahm der Spargelanbau, als Max Bassermann 1875 eine Konservenfabrik gründete, die sich auf Dosenspargel spezialisierte (heute als »Sonnen Bassermann« Teil der Heinz-Gruppe). Der Durchbruch jedoch kam, als Hofgärtner Gustav A. Unselt und seinem Nachfolger Franz Böhne die widerstandsfähigen, sehr geschmackreichen und kerzengerade wachsenden Neuzüchtungen »Schwetzinger Meisterschuss« und »Lucullus« gelangen. Ganz ähnlich also wie in Bühl (Baden), das auch aufgrund der Sorte »Bühler Frühzwetschgen« zur Pflaumenmetropole wurde.

2 Punkte

19 Die baden-württembergische Landesregierung hat ihren Sitz in Stuttgart ...?

A ... auf der Solitude.

B ... in der Wilhelma.

C ... im Landtag.

D ... in der Villa Reitzenstein.

2 Punkte

20 Welches englische Wort prägt die schwäbische Stadt Metzingen?

A Fitness

B Outlet

C Recycling

D Sexappeal

Antwort 19

D

Ja, es gibt einen Sitz der Landesregierung, obwohl sich die Ministerien an verschiedenen Orten der Innenstadt befinden. Es ist dies die Villa Reitzenstein in der Richard-Wagner-Straße, die zugleich als Amtssitz des Ministerpräsidenten und als Sitz des Staatsministeriums dient. Hier finden jede Woche die Kabinettssitzungen statt. Das ebenso elegante wie repräsentative Haus wurde von der verwitweten Verlegerstochter Baronin Helene von Reitzenstein, geb. Hallberger, 1910 bis 1913 in Halbhöhenlage auf der Gänsheide in Stuttgart-Ost errichtet und herrschaftlich ausgestattet. Architekten waren Hugo Schlösser und Johann Weirether. 1921 verkaufte die Baronin den bürgerlichen Palast samt dem 250 Ar großen Grundstück an die württembergische Staatsregierung; als erster Staatspräsident zog 1925 Wilhelm Bazille in das Haus. Weil die Villa renoviert werden muss, hat Ministerpräsident Winfried Kretschmann im Sommer 2011 vorgeschlagen, den Regierungssitz ins Neue Schloss zu verlegen.

Antwort 20

B

Das englische Wort »Outlet« hat etwa 50 Bedeutungen, unter anderem Steckdose, Mündung oder Abgang. Als Fremdwort im Deutschen wird es immer in der Bedeutung »Fabrikladen« verwendet. Und davon gibt es in Metzingen (Kreis Reutlingen) so viele, dass sich die Stadt den Spitznamen »Outlet City« eingehandelt hat. Angefangen hat es mit einem kleinen, fast geheim gehaltenen Fabrikverkauf beim Herrenoberbekleidungshersteller Hugo Boss und dem Buch »Schnäppchenführer Baden-Württemberg« des Journalisten Heinz Waldmüller, das 1992 wie eine Bombe einschlug und auch den Verkauf bei Boss mit einem Schlag bekannt machte. Eine Auflistung der Stadtverwaltung nennt mittlerweile 91 Outlet Centers, in denen es vorwiegend Markentextilien und Designer-Markenartikel mit hohem Preisnachlass gibt, aber auch Schuhe, Ledermode, Stoffe, Parfums und Kosmetik, Modeschmuck, Uhren, Sportartikel, Spielwaren, Kinderwagen, ja sogar Polstermöbel und Küchenartikel, Schaffelle und feine Schokoladen.

2 Punkte

21 Die Region Stuttgart umfasst ...?

A ... je zwei Kuben und Kugeln.

B ... sieben Quadrate und drei Rechtecke.

C ... vier Bergspitzen und ein Tal.

D ... fünf Landkreise und einen Stadtkreis.

2 Punkte

22 Die Reichenau ist UNESCO-Welterbe als ...?

A ... Klosterinsel.

B ... Gemüse- und Salatinsel.

C ... Insel im Schwäbischen Wattenmeer.

D ... Schatzinsel.

Antwort 21

D

Die Landkreise Ludwigsburg, Böblingen, Esslingen und Göppingen, der Rems-Murr-Kreis und der Stadtkreis Stuttgart bilden seit 1974 eine administrative Einheit. Damals hieß sie »Regionalverband Mittlerer Neckar«. 1994 wurde per Gesetz der »Verband Region Stuttgart« errichtet – die erste verfasste Region Deutschlands – und ein Parlament, die »Regionalversammlung«, direkt gewählt. Die Region umfasst eine Fläche von 3654 Quadratkilometern und hat einen Durchmesser von etwa 85 Kilometern. Damit ist sie anderthalbmal so groß wie Luxemburg. In 179 Städten und Gemeinden leben 2,7 Millionen Menschen, im Umkreis von 100 Kilometern 12 Millionen. Unternehmen wie Daimler, Porsche, Bosch, IBM oder Hewlett-Packard haben hier ihren Haupt- oder Deutschlandsitz und sorgen für die europaweit höchste Patentdichte. 24 Prozent der sozialversicherungspflichtig Beschäftigten arbeiten in einer Hochtechnologiebranche – so viel wie nirgends sonst in Europa.

Antwort 22

A

Die Insel Reichenau liegt im Untersee, also dem Teil des Bodensees zwischen Konstanz und Stein am Rhein. Sie ist etwa 4,5 Kilometer lang und 1,5 Kilometer breit und mit 430 Hektar Fläche die größte Bodenseeinsel. Im Jahr 2000 wurde sie in die Welterbeliste der UNESCO aufgenommen als »ein herausragendes Zeugnis von der religiösen und kulturellen Rolle eines großen Benediktinerklosters im Mittelalter«. Gegründet wurde dieses Kloster 724 von einem Wanderbischof namens Pirmin. Der Prinzenerzieher Walahfrid Strabo verfasste hier im 9. Jahrhundert das bedeutendste botanische Werk des Mittelalters. Der Reichenauer Abt Hatto III. hatte als Erzkanzler des Reiches und Vormund des deutschen Königs enormen politischen Einfluss. Der Mönch Hermann der Lahme schrieb auf der Reichenau eine Weltchronik. Die Klosterschule war ebenso bedeutend wie die Bibliothek; Reichenauer Buchmalerei ist weltberühmt. Die drei Kirchen sind Muster romanischer Architektur. Auch die umgebende Landschaft ist von der mittelalterlichen Klosterherrschaft geprägt.

2 Punkte

23 Was erwartet den Besucher, der zum Vogtsbauernhof kommt?

A Eine Kostprobe Zuckerrübenmus von eigenen Feldern.

B Die größte Konzerthalle der Ostalb.

C Ein Freilichtmuseum.

D Urlaub im Odenwald mit vielen Pferden.

2 Punkte

24 Wann haben Schwaben das Schwabenalter erreicht?

A Mit der Geburt

B Mit 18

C Mit 40

D Mit 65

Antwort 23

c

Der Vogtsbauernhof ist die Keimzelle des Schwarzwälder Freilichtmuseums in Gutach (Schwarzwaldbahn). Im Jahr 1964 wurde dieser 1612 errichtete Gutachtäler Hof fürs Publikum geöffnet. In den darauffolgenden Jahren wurde eine völlig neue Museumskonzeption entwickelt: Sechs Bauernhöfe wurden aus verschiedenen Gegenden des Schwarzwalds mit ihrer kompletten Einrichtung hierher versetzt, überdies ein Tagelöhnerhaus, ein Leibgedinghaus, eine Kapelle, unterschiedliche Mühlen, Speicher, Sägen, eine Hanfreibe, Backhäuser, ein Brennhaus, ein Bähofen für Floßwieden, mit denen die Stämme der Flöße zusammengebunden wurden, eine Hammerschmiede und Kleindenkmale wie Grenzsteine und Bildstöcke. Das Museum zeigt Kulturgüter des Schwarzwälder Alltagslebens und in den Höfen Ausstellungen etwa zu typischen Schwarzwaldhandwerken. Auch Bauerngärten sind zu bewundern. Das Museum verzeichnet jährlich etwa 250 000 Besucher.

Antwort 24

c

»Der Schwabe wird mit vierzig g'scheit, die andern nicht in Ewigkeit«, lautet das Sprichwort. Zumindest in Schwaben sagt man es so; in nördlicheren und westlicheren Gegenden heißt es manchmal: »Ein Schwab' wird erst mit vierzig g'scheit.« Punkt. – In der Tat gibt es zwei Lager: Das eine ist der Meinung, die Schwaben seien privilegiert, weil sie in größerem Maße als andere mit Erreichen des 40. Lebensjahres klug, weise, verständig, lebenserfahren, scharf-, weit- und hellsichtig, kurz: gereift und abgeklärt würden. Im Übrigen gelte dies nur für die männlichen Schwaben, den Schwäbinnen müsse man diese Eigenschaften ohnehin schon ab ihrer Geburt zubilligen. Das andere Lager glaubt, die Schwaben seien Spätzünder, Volksstämme wie die Westfalen oder die Pommern aus Vorpommern erreichten früher ihre geistige Reife. Schwaben nehmen diese Ansicht mit einem Achselzucken zur Kenntnis. Einbildung ist auch eine Bildung, und wer »nicht in Ewigkeit« g'scheit wird, von dem kann man keine tieferen Einsichten erwarten.

2 Punkte

25 Wie heißt die Hochebene zwischen Rottweil und Schaffhausen?

A Baar

B Bahr

C Bar

D Barr

2 Punkte

26 Welche baden-württembergische Schriftstellerin hat sich auf die Suche nach einem impotenten Mann fürs Leben gemacht?

A Ragni Maria Gschwend

B Annette Kast-Riedlinger

C Elisabeth Kabatek

D Gaby Hauptmann

Antwort 25

A

Der Name »Baar« reicht ins frühe Mittelalter zurück. Die Baaren waren Herrschaftsgebiete, die nach der Eingliederung der alamannischen Territorien ins ostfränkische Reich im 6. bis 9. Jahrhundert entstanden und den Grafschaften übergeordnet waren. Die Landschaft Baar gehört heute großenteils zum Schwarzwald-Baar-Kreis; sie beginnt südlich von Rottweil und endet beim Berg Randen an der Schweizer Grenze; im Westen umfasst sie die Ausläufer des Schwarzwalds und die Wutachschlucht, im Osten grenzt sie an die Schwäbische Alb.

Antwort 26

D

»Suche impotenten Mann fürs Leben« hieß der Unterhaltungsroman, den Gaby Hauptmann 1995 veröffentlichte. Ein »exzentrischer Hilferuf«, eine »turbulente Prosa-Soap um eine vom maskulinen Sexwahn genervte Frau und einen Charmeur, der diese Frau schließlich erobert« (»Der Spiegel«). Das Buch wurde vom Start weg ein Bestseller. Rund zwei Millionen Exemplare wurden allein auf Deutsch verkauft; mittlerweile ist das Buch in 33 Ländern erschienen, wurde verfilmt, zum Hörbuch umgearbeitet, als Theaterstück auf die Bühne gebracht. Und es blieb nicht der einzige Verkaufshit der Autorin, die für Erwachsene schreibt, aber auch für Kinder. Gaby Hauptmann lebt in Allensbach am Bodensee, zur Welt gekommen ist sie 1957 in Trossingen (Kreis Tuttlingen). Beim »Südkurier« in Konstanz hat sie das journalistische Handwerk gelernt, das sie anschließend auch im Radio und im Fernsehen erprobte. 1994 veröffentlichte sie ihr erstes Buch, »Alexa – die Amazone«. Heute liegt allein ihre deutsche Gesamtauflage bei über 6 Millionen Büchern.

2 Punkte

27 An welchem Fluss liegt Heidelberg?

A An der Elbe

B Am Main

C Am Neckar

D Am Rhein

2 Punkte

28 Welche Stadt existiert wirklich?

A Villingen-Schwenningen

B Leinfelden-Bissingen

C Bietigheim-Tiengen

D Waldshut-Echterdingen

Antwort 27

C

Heidelberg liegt am Neckar und nur am Neckar, auch wenn Victor von Scheffel in seinem berühmten Studentenlied von 1854 dichtete: »Alt-Heidelberg, du feine, du Stadt an Ehren reich, am Neckar und am Rheine, kein' andre kommt dir gleich.« Dabei hatte Clemens Brentano 1806 in seinem »Lied von eines Studenten Ankunft in Heidelberg« zumindest flussmäßig die richtige Vorgabe gemacht: »Der Neckar rauscht aus grünen Hallen und gibt am Fels ein freudig Schallen, die Stadt streckt sich den Fluß hinunter mit viel Geräusch und lärmt ganz munter.«

Antwort 28

A

Die Gemeindereform hat Baden-Württemberg auf der kommunalen Ebene völlig neu geordnet. Gab es im Jahr 1968 noch 3379 Städte und Gemeinden im Land, so waren es 1975 nur noch 1111. Wenn sich Kommunen aus mehreren bis dahin selbständigen Orten bildeten, blieb meist der Name des größeren Partners, manchmal gaben sie sich auch neue Namen – und manchmal Doppelnamen. Besonders heikel war dies, als sich das badische Villingen mit dem württembergischen Schwenningen zusammenschloss. Die 81 000-Einwohner-Metropole Villingen-Schwenningen beherbergt auch das Landratsamt des Schwarzwald-Baar-Kreises. In »VS« fremdeln die Badener und die Württemberger noch heute – und das, obwohl die Bürger sich 1971 in einer Volksabstimmung mit großer Mehrheit für die Fusion entschieden hatten. – Die anderen drei (hier durcheinandergewürfelten) Doppelstädte sind ebenfalls im Zuge der Gemeindereform entstanden; es handelt sich um Leinfelden-Echterdingen (Kreis Esslingen), Bietigheim-Bissingen (Kreis Ludwigsburg) sowie Waldshut-Tiengen (Kreis Waldshut).

2 Punkte

29 Welche bedeutende Sehenswürdigkeit kann man auf dem Härtsfeld besuchen?

A Die Abtei Neresheim.

B Die Deutschordenskommende Mergentheim.

C Das Kloster Hirsau.

D Das Stift Sankt Blasien.

2 Punkte

30 Was lohnt in Maulbronn (Enzkreis) einen Besuch?

A Das Museum für Orden und Ehrenzeichen.

B Ein ehemaliges Zisterzienserkloster.

C Das Drei-Sterne-Restaurant »Muli«.

D Die 17 Badeseen, die ein Raddampfer miteinander verbindet.

Antwort 29

A

Das Härtsfeld ist der östlichste Ausläufer der Schwäbischen Alb; es grenzt direkt an Bayern. Hoch über seinem zentralen Ort Neresheim thront ein Benediktinerkloster (gegründet 1095), das vor allem durch seine Abteikirche Sankt Ulrich und Afra berühmt ist, ein »Kulturgut von europäischem Rang«. Der Würzburger Barockarchitekt Balthasar Neumann entwarf die Pläne für den beeindruckenden, kreuzförmigen, sehr hell wirkenden, kuppelbekrönten Raum. 1750 wurde der Bau begonnen, 1753 starb Neumann; die Kirche wurde 1792 geweiht. Martin Knollers Deckenfresken stellen einen Höhepunkt der Barockmalerei dar. Die barocke Orgel stammt von Johann Nepomuk Holzhey, Thomas Schaidhauf schuf die Innendekoration samt dem Stuck. Eine Neresheimer Planzeichnung von Balthasar Neumann war einst auf dem 50-DM-Schein abgebildet. – Bad Mergentheim liegt im Taubertal, Hirsau im Nord-, Sankt Blasien im Südschwarzwald.

Antwort 30

B

Mitte des 12. Jahrhunderts gründete der Zisterzienserorden in Maulbronn, am Rand des Strombergs, ein Kloster. Es gewann sehr schnell an religiöser, politischer, gesellschaftlicher und wirtschaftlicher Bedeutung und umfasste im 16. Jahrhundert ausgedehnte Güter zur Eigenversorgung, 25 Quadratkilometer Wald, ein geschlossenes Territorium aus mehr als 20 Dörfern, drei landwirtschaftliche Anwesen in benachbarten Orten sowie sieben Pfleghöfe in Städten wie Speyer. Im Zuge der Reformation wurde das Kloster säkularisiert, 1556 richtete man hier eine Klosterschule ein, die als Evangelisches Seminar (Gymnasium) noch immer besteht und deren berühmteste Schüler Johannes Kepler, Friedrich Hölderlin, Justinus Kerner und Hermann Hesse waren. Mit den vielen Kloster- und Wirtschaftsgebäuden sowie dem Teichsystem zur Bewässerung der Felder, zur Fischzucht und zur Wasserversorgung und mit dem Weinberg »Eilfinger Berg« gilt Maulbronn als »die am vollständigsten erhaltene Klosteranlage des Mittelalters nördlich der Alpen« – sagte die UNESCO und verlieh dem Kloster 1993 das Prädikat »Weltkulturerbe«.

3 Punkte

31 Pforzheim ist das Zentrum der deutschen ...?

A ... Schmuck- und Uhrenindustrie.

B ... Brief- und Speisetaubenzucht.

C ... Leder- und Gerberzünfte.

D ... Abhör- und Überwachungswirtschaft.

3 Punkte

32 Durch welche Besonderheit zeichnet sich das Ulmer Münster aus?

A Es ist die meistbesuchte Kathedrale der Welt.

B Es hat den höchsten Kirchturm der Welt.

C Hier findet man die breitesten Spatzennester der Welt.

D Es ist der einzige Dom der Welt mit einem Chorgestühl aus Plastik.

Antwort 31

A

Etwa 70 Prozent des in Deutschland hergestellten und etwa 80 Prozent des von Deutschland exportierten Schmucks kommt aus Pforzheim. Vor zweihundert Jahren galt die Stadt an Enz und Nagold sogar als Weltzentrum der Bijouteriefabrikation. Die Anfänge gehen auf eine Fabrik für Taschenuhren zurück, die 1767 vom französischen Uhrmacher Jean François Autran im Pforzheimer Waisenhaus gegründet wurde. Touristen lockt die Goldstadt mit dem Erlebnis- und Einkaufszentrum »Schmuckwelten«, dem Schmuckmuseum im Reuchlinhaus, dem Technischen Museum der Pforzheimer Schmuck- und Uhrenindustrie sowie der Edelsteinausstellung Schütt. Die nötige Theorie liefert das Schmucktechnologische Institut der Hochschule Pforzheim. Für Silberwaren sind einst auch Heilbronn mit der Firma P. Bruckmann & Söhne und Schwäbisch Gmünd mit der Ott-Pauserschen Fabrik bekannt gewesen.

Antwort 32

B

Das Ulmer Münster und der Kölner Dom wurden beide im Mittelalter begonnen und nach jahrhundertelangem Baustopp erst im 19. Jahrhundert fertiggestellt. Es ist sicher kein Zufall, dass der Hauptturm des 1890 beendeten Ulmer Münsters mit 161,53 Meter genau 4,15 Meter höher ist als die Doppeltürme des zehn Jahre zuvor abgeschlossenen Kölner Doms. Damit ist er der höchste Kirchturm der Welt. Noch. Denn die von Antoni Gaudí entworfene Kirche Sagrada Família in Barcelona, an der seit 1882 gebaut wird, soll einen 170 Meter hohen Vierungsturm erhalten. – Die meistbesuchte Kathedrale steht nicht an der Donau, sondern am Tiber – es ist der Petersdom in Rom. Der Nestbau hat die Legende vom Ulmer Spatz inspiriert: Die Ulmer wollten ihr Stadttor abbrechen, weil sie breite Balken nicht hindurch bekamen, die sie für die Errichtung des Münsters benötigten. Bis sie es einem Sperling gleichtaten, den sie beim Nestbau beobachteten und der mit dem Schnabel einen Zweig längs statt quer hineinschob. Das berühmte Chorgestühl im Ulmer Münster mit einst 91, heute noch 89 Sitzen besteht aus dunklem Eichenholz.

3 Punkte

33 Woher kommt das Wasser im Bodensee?

A Vor allem aus dem Alpenrhein.

B Vor allem aus Quellen am Seegrund.

C Vor allem vom Regen.

D Vor allem aus der oberen Donau.

3 Punkte

34 Schloss Weikersheim wird besonders gut bewacht – von ...?

A ... Gnomen, Narren, Göttern und Zwergen im zauberhaften Schlossgarten.

B ... einer halben Hundertschaft Polizisten des Spezial-Einsatzkommandos (SEK), die sich rund um die Uhr abwechseln.

C ... einer der schärfsten Alarmanlagen der Welt in und um den Raum, in dem die Krone der Grafen von Hohenlohe in einer Vitrine ruht.

D ... 50 Rottweilern, die zu aggressiven Kampfhunden ausgebildet wurden.

Antwort 33

A

Im Dreieck der Gemeinden Bonaduz, Tamins und Domat/Ems im Bezirk Imboden (Kanton Graubünden, Schweiz) vereinigen sich der Vorder- und der Hinterrhein zum Alpenrhein – so heißt der 95 Kilometer lange Flussabschnitt bis zum Bodensee. Der Rhein speist den See mit jährlich zwölf Milliarden Kubikmetern Wasser und trägt damit 65 Prozent, also fast zwei Drittel, des gesamten Wasserzuflusses zum Bodensee bei. – Ein kleiner Anteil des Bodenseewassers stammt übrigens wirklich aus der Donau. Bei Immendingen und bei Fridingen – beide Orte liegen im Kreis Tuttlingen – »versinkt« der junge Fluss ganz oder teilweise im karstigen Untergrund, je nachdem, wieviel Wasser er gerade führt. Das Sickerwasser tritt im Aachtopf wieder zutage und fließt mit der Hegauer Aach, die im Unterlauf Radolfzeller Aach heißt, in den Untersee.

Antwort 34

A

Das Schloss in Weikersheim (Main-Tauber-Kreis) halten viele für den schönsten aller hohenlohischen Herrensitze. Es geht auf eine mittelalterliche Wasserburg zurück. 1586 wurde Weikersheim Residenz und Graf Wolfgang II. von Hohenlohe-Langenburg legte den Grundstein für den heutigen Renaissancebau. 1708 ließ Graf Carl Ludwig den barocken Schlossgarten im französischen Stil anlegen und ihn mit 50 Skulpturen schmücken, die meistenteils der Künzelsauer Bildhauer Jakob Sommer und seine Söhne Philipp Jakob und Georg Christoph fertigten: Allegorien der vier Jahreszeiten, der vier Himmelsrichtungen, der damals bekannten vier Erdteile, Planetengottheiten wie Merkur, Saturn, Mars und Venus, antike Götter wie Jupiter und Herakles, die vier Welteroberer Ninus, Cyrus, Alexander und Caesar – eine Skyline des Bildungshorizonts. Auf der Balustrade am Wassergraben jedoch findet man Karikaturen des Hofstaats, eine Gnomengalerie wie aus einem Disney-Film: Hofrat, Hofdame, Hofnarr und Hofjude, Gärtnerin, Hirtin und Köchin, Kammerzofe und Kellermeister, Brau-, Wacht- und Jägermeister, Trommler und Faulpelz.

3 Punkte

35 Eines der großen Ulmer Stadtfeste ist ...?

A ... der Danaba.

B ... die Banada.

C ... das Nabada.

D ... ein Anadab.

3 Punkte

36 Welche zwei Berge der Schwäbischen Alb dienten einst mächtigen Adelsfamilien als Stammsitze?

A Feldberg und Säntis

B Hohenstaufen und Zoller

C Lochen und Kornbühl

D Habsburg und Reitzenstein

Antwort 35

C

Immer am vorletzten Montag im Juli wird in Ulm eine Art Karnevalsumzug auf der Donau gefeiert. Auf Flößen und Fähren, mit Schiffen, Barken, Stocherkähnen, Schlauchbooten und waghalsigen Eigenkonstruktionen paddeln Hunderte die Donau hinab. Teils sind sie selbst verkleidet, teils sind ihre Wassergefährte geschmückt; offizielle Themenboote nehmen Lokalpolitik und Zeitgeschehen satirisch aufs Korn, Musikkapellen halten das Publikum bei Laune und sich meist grade mal so über Wasser. Das Nabada (schwäbisch für: hinunterschwimmen) ist Teil des höchsten Ulmer Feiertags, des Schwörmontags, bei dem der Oberbürgermeister einen Eid auf die Reichsstadtverfassung von 1397 ablegt. Der nasse Teil beginnt traditionell um 16 Uhr. Bis in die Nacht ist die ganze Stadt auf den Beinen, isst, trinkt, tanzt und feiert.

Antwort 36

B

Der Hohenstaufen bei Göppingen und der Zoller bei Hechingen sind vorgelagerte Zeugenberge der Schwäbischen Alb. Vor Jahrmillionen haben sie zur Albhochfläche gehört; durch Auswaschung wurden sie abgetrennt. Der Hohenstaufen, zusammen mit Rechberg und Stuifen einer der drei »Kaiserberge«, trug die 1070 erbaute Stammburg der Staufer, deren Ruine heute noch zu sehen ist.
Das Herrschaftsgebiet der Staufer reichte im Hochmittelalter von Fehmarn bis Sizilien. Der Zoller, wahrscheinlich der Berg mit der markantesten Silhouette in Deutschland, trug im Mittelalter die Stammburg der Grafen von Zollern, die sich ab dem 14. Jahrhundert »Hohenzollern« nannten. Die Burg wurde ab 1454 und ab 1850 jeweils neu errichtet, 1850 in neugotischem Stil auf altem Grundriss.
Der fränkisch-brandenburgischen Linie des Hauses Hohenzollern entstammten ab 1701 die preußischen Könige und ab Gründung des Deutschen Reichs die deutschen Kaiser.

3 Punkte

37 Ravensburg nennt man ...?

A ... die Stadt der Treppen und Tunnels.

B ... die Stadt der Trottel und Tranfunzeln.

C ... die Stadt der Türme und Tore.

D ... die Stadt der Türken und Toren.

3 Punkte

38 Eine Sage, nach der betagte Frauen in einer Mühle wieder jung gemahlen wurden, bildete den Grundstein für ...?

A ... den Erlebnispark Tripsdrill.

B ... die Fellbacher Märchentage.

C ... das Kloster Frauental bei Creglingen.

D ... den Mühlenwanderweg im Naturpark Schwäbisch-Fränkischer Wald.

Antwort 37

C

Die Altstadt von Ravensburg ist weitgehend erhalten, und so kann man auch heute noch die zahlreichen Türme und Tore der ehemaligen Stadtbefestigung bestaunen; im Uhrzeigersinn: Grüner Turm, Frauentor, Schellenberger Turm, im Volksmund auch Katzenlieselesturm genannt, Wehrturm am Gänsbühl, Obertor, dann der 1425 erbaute Mehlsack, eines der Wahrzeichen Ravensburgs, Spitalturm, auch Sauturm genannt, Untertor und Gemalter Turm (der eigentlich »Bemalter Turm« heißen müsste). Der Blaserturm am Marienplatz, ein weiteres Wahrzeichen, diente einst als zentraler städtischer Wachtturm. Hinzu kommen die Türme der drei Altstadt-Kirchen »Unserer Lieben Frau«, Sankt Jodok und Evangelische Stadtkirche. Der Mehlsack und der Blaserturm können im Sommerhalbjahr bestiegen werden.

Antwort 38

A

Schon seit 300 und mehr Jahren seien alte Jungfern und Witwen, gebrechliche Weiblein und runzelige Ehefrauen zur Altweibermühle in Tripsdrill gezogen, gehumpelt, gekrochen oder auf Schubkarren und Leiterwagen gefahren worden, weiß die Sage. Man stieg die Treppe zum Mahlgang hinauf, ließ sich in den hölzernen Trichter stecken und kam, wenn die Berichte stimmen, unten schlank und jung wieder heraus. Sicher ist jedenfalls, dass der Gastwirt Eugen Fischer im Juni 1929 neben seinem Ausflugslokal in Treffentrill bei Cleebronn (Landkreis Heilbronn) eine »Altweibermühle« einweihte, ein roh gezimmertes Gebäude mit angedeuteten Windmühlenflügeln und langer Rutschbahn. Sie wurde nach und nach um weitere Attraktionen ergänzt. So entstand der älteste deutsche Erlebnispark, der zusammen mit dem angegliederten »Wildparadies Stromberg« jährlich 550 000 Besucher anzieht. Die Namen Treffentrill und Tripsdrill gehen übrigens auf den römischen Hauptmann Trepho zurück, der den Ort im Jahr 278 n. Chr. anlegte und seiner Frau Truilla zu Ehren »Trephonis truilla« nannte.

3 Punkte

39 Das Kinzigtal trennt ...?

A ... die östliche von der westlichen Schwäbischen Alb.

B ... den Nord- vom Südschwarzwald.

C ... das Ost- vom Westallgäu.

D ... den nördlichen vom südlichen Kraichgau.

3 Punkte

40 Die Gegend um Tettnang (Bodenseekreis) ist berühmt für ...?

A ... den Hopfenanbau.

B ... den Tabakanbau.

C ... den Spargelanbau.

D ... die Schneckenzucht.

Antwort 39

B

Die Kinzig entspringt westlich der Gemeinde Loßburg (Kreis Freudenstadt) und mündet nach 93 Kilometern bei Kehl in den Rhein. Ihr Oberlauf ist nach Süden ausgerichtet, berührt Alpirsbach und Schenkenzell und knickt bei Schiltach nach Westen ab. Es folgen Wolfach, Hausach, Haslach und von da Richtung Nordwest Steinach, Biberach (Baden), Gengenbach und Offenburg. Ihr tief eingeschnittenes Tal hat schon den Römern als Verkehrsweg zwischen Rhein und Neckar gedient. Es hat auch heute eine enorme Bedeutung für die Schiene und vor allem die Straße. Vom 14. bis ins 19. Jahrhundert wurde auf der Kinzig auch geflößt.

Antwort 40

A

Seit 1844 wird in Tettnang Hopfen kultiviert. 2,3 Prozent der weltweiten Anbaufläche befinden sich hier; neben der Hallertau und der Elbe-/Saale-Region ist Tettnang das dritte deutsche Hopfenanbaugebiet. Hopfen wird fast ausschließlich beim Brauen verwendet. Er verleiht dem Bier sein bitteres Aroma, er konserviert und stabilisiert den Schaum. Außerdem wirkt er beruhigend und schlaffördernd. Die Pflanzen werden sieben Meter hoch und über fünfzig Jahre alt. 165 Betriebe ziehen rund um Tettnang auf 1225 Hektar Fläche rund fünf Millionen Stöcke verschiedener Sorten. Ende August/Anfang September wird geerntet. Die Dolden werden getrocknet und meist zu Pellets weiterverarbeitet und vakuumverpackt – so halten sich die ätherischen Öle und Bitterstoffe länger. Etwa zwei Drittel des Tettnanger Hopfens werden exportiert – in andere EU-Länder, aber auch in die USA und nach Japan. Seit 2010 ist die Bezeichnung »Tettnanger Hopfen« durch EU-Verordnung als Herkunftsangabe geschützt. Das Hopfenmuseum im Tettnanger Stadtteil Siggenweiler und ein Hopfenpfad zeigen Wissenswertes zum Hopfenanbau und -handel.

3 Punkte

41 Was dient den Freilichtspielen Schwäbisch Hall als Bühne?

A Die Brücke bei Sankt Nepomuk.

B Das Bachbett neben Sankt Zeno.

C Die Treppe vor Sankt Michael.

D Die Feuerwache Sankt Florian.

3 Punkte

42 Die Stadt wurde mitten im Hardtwald erbaut – wie gut, dass drunter und drüber noch was übrigblieb, denn heute ist er für ihre Bewohner das wichtgste Naherholungsgebiet.

A Calw

B Lörrach

C Sigmaringen

D Karlsruhe

Antwort 41

C

54 halbrunde Stufen führen vom Schwäbisch Haller Wahrzeichen, der Michaelskirche, hinunter zum Marktplatz. Seit 1925 wird in den Sommermonaten auf der Freitreppe professionell Theater gespielt – anfangs stand ausschließlich der »Jedermann« von Hugo von Hofmannsthal auf dem Programm; ab 1949 kamen Dramen hinzu, mit Intendant Achim Plato 1968 auch Komödien, zeitgenössische Stücke und Musicals. Seit 2003 verantwortet Christoph Biermeier die Freilichtspiele, die schon lange nicht mehr nur auf der Freitreppe stattfinden: Das Kindertheater nützt die »Kleine Treppe« in der Gelbinger Gasse, der Theaterkeller am Hafenmarkt und die Theaterscheune in Wackershofen sind einbezogen, und als im Jahr 2000 unten am Kocher auf der Insel Unterwöhrd mit viel Bürgereinsatz ein Nachbau des Shakespeare'schen »Globe Theatres« errichtet wurde, war klar, dass auch dieser Theaterbau von den Freilichtspielen bespielt wird.

Antwort 42

D

Noch heute erstreckt sich der Hardtwald als zusammenhängendes Waldgebiet von Schwetzingen (mit anderthalb Kilometer Unterbrechung bei Reilingen) bis zum Karlsruher Schloss, also mitten ins Zentrum. Luftlinie sind das mehr als 40 Kilometer! Südlich vom Karlsruher Stadtteil Oberreut setzt er sich fort bis Muggensturm. Der 4700 Hektar große Wald zwischen Karlsruhe und Graben-Neudorf ist als FFH-Gebiet (»Flora, Fauna, Habitat«), großteils als Vogelschutzgebiet, fast komplett als Landschaftsschutzgebiet und mit 50 Hektar als Naturschutzgebiet ausgewiesen. Bürger, die sich für den Erhalt des Waldes einsetzen, haben sich im Verein Hardtwaldfreunde zusammengeschlossen. – Das Wort »Hardt« kommt aus dem Mittelhochdeutschen und bedeutet einerseits Wald oder Waldweide, andererseits »fester Sandboden«. Beim Karlsruher Hardt trifft beides zu. In Baden-Württemberg gibt es noch zahlreiche andere Gebiete, die Hardt- oder Hartwald heißen, außerdem die Hochfläche Hardt im mittleren Schwarzwald, mehrere Orte namens Hardt, Hart, Harthausen oder Murrhardt und den Berg Hardtkopf bei Forbach.

3 Punkte

43 Wo findet der bekannteste Narrensprung statt?

A In Rottweil

B In Schwäbisch Hall

C In Mosbach

D In Offenburg

3 Punkte

44 Auf der Oberschwäbischen Barockstraße folgt man ...?

A ... den braunen Hinweisschildern.

B ... der Barockmusik aus oberschwäbischen Klöstern.

C ... immer dem nächsten Kirchturm.

D ... dem gelben Engelkopf auf grünem Grund.

Antwort 43

A

Fastnacht wird in Rottweil schon seit mehr als 700 Jahren gefeiert. Höhepunkt ist jedes Jahr der Narrensprung am Fasnetsmedig (das heißt: der Karnevalsumzug am Rosenmontag). 4000 Narren drängen ab 8 Uhr durch das Schwarze Tor, bestaunt von 20 000 Zuschauern am Straßenrand. Berittene Herolde machen den Anfang, gefolgt vom Narrensamen (den Kindern), von Bajassen, Scheinpferden, dem Narrenengel in den Reichsstadtfarben Rot-Weiß und von den Rottweiler Narrenfiguren, den Biss und Gschell, den Fransenkleidle, den Schantle und den Federehannes, die mit Sprungstecken durch die Gassen hüpfen und die dem Narrensprung vermutlich seinen Namen gegeben haben. Die Stadtkapelle spielt den Rottweiler Narrenmarsch. Vier Stunden dauert der Narrensprung am Montag, und er stellt lediglich den Auftakt zur eigentlichen Straßenfasnet dar. Weil er so beliebt ist, wird er am Fastnachtsdienstag um 8 und um 14 Uhr wiederholt.

Antwort 44

D

Die Oberschwäbische Barockstraße wurde 1966 geplant; sie gehört damit zu den ältesten deutschen Ferienstraßen. Die Hauptroute ist eine Rundtour, die von der Donau ins Allgäu, an den Bodensee und zum Bussen, dem »heiligen Berg« Oberschwabens, führt. Offizieller Startpunkt ist Ulm, von hier geht's zum Kloster Wiblingen, nach Biberach an der Riß, Ochsenhausen, Bad Wurzach, Kisslegg, Isny, Wangen im Allgäu, Tettnang, Langenargen, Friedrichshafen, Ravensburg, Weingarten, Bad Waldsee, Bad Schussenried, zur bezaubernden Dorfkirche von Steinhausen, nach Bad Buchau, Riedlingen, Zwiefalten und Ehingen an der Donau und zurück nach Ulm – mit mehreren Abstecher-Möglichkeiten, beispielsweise zur Waldburg oder nach Schloss Mochental. Ergänzend sind eine West-, eine Süd-, eine Ost- und eine Verbindungsroute ausgewiesen. Die Gesamtlänge beträgt etwa 500 Kilometer. Das Logo der Oberschwäbischen Barockstraße ist ein gelber, barocker Putto auf grünem Grund, dem man auch auf den Schildern der Ferienstraße begegnet.

3 Punkte

45 Wenn eine Südbadenerin lismet, dann ...?

A ... strickt sie.

B ... bechert sie.

C ... liest sie.

D ... joggt sie.

3 Punkte

46 Ein bedeutender Autor – er stammt nicht aus Schwaben, er lebt nicht in Schwaben, »aber mit der Sprache, mit der Seele zu Hause ist er eben doch in Schwaben« (»Die Welt«).

A Martin Walser

B Tomi Ungerer

C Peter Härtling

D Bernhard Schlink

Antwort 45

A

In Südbaden spricht man traditionell Alemannisch – oder sprachwissenschaftlich korrekt: Niederalemannisch, eine Mundart, die (wie das Schwäbische) zu den westoberdeutschen Dialekten zählt. Das Alemannische kennt sehr viele eigene Wörter – teils mit historischen Wurzeln, teils kreativ geschaffen (etwa »Schnuderlumpe« für »Taschentuch«). »Lismen« ist das mittelhochdeutsche Wort für »stricken«; im Alemannischen hat es sich gehalten. Es ist übrigens auch im Hochalemannischen, also im Schweizerdeutschen, das gebräuchliche Wort fürs Stricken.

Antwort 46

C

Es gibt 18 Gedichtbände von ihm. Der erste erschien 1953 im Bechtle-Verlag in Esslingen am Neckar: »poeme und songs«. Da war Peter Härtling gerade mal 20. Bekannt geworden ist er durch seine Romanbiographien über Musiker wie Schumann und Schubert oder Schriftsteller wie Lenau, Hölderlin, Mörike, Waiblinger, E. T. A. Hoffmann. Seine Kinderbücher, etwa »Das war der Hirbel«, »Oma« oder »Ben liebt Anna«, wurden millionenfach verkauft und in 30 Sprachen übersetzt. Geboren ist Härtling in Chemnitz, aufgewachsen in Sachsen, Mähren und Niederösterreich – bis er Anfang 1946 nach Nürtingen kam, das ihm zur neuen Heimat wurde. Sein Vater starb in russischer Kriegsgefangenschaft, seine Mutter nahm sich 1946 das Leben. Härtling besuchte die von HAP Grieshaber gegründete Bernstein-Schule bei Horb; 1952 bis 1954 volontierte er bei der »Nürtinger Zeitung«. Es folgten Jahre bei der »Heidenheimer Zeitung« und bei der »Deutschen Zeitung« in Stuttgart. Erst 1974 wird Härtling freier Schriftsteller. Seit seiner Zeit als Geschäftsführer des Frankfurter S. Fischer Verlags wohnt er im hessischen Mörfelden-Walldorf.

3 Punkte

47 Ein echtes Landeskind, der Mann mit dem abgekürzten Namen. Auf dem Kamm der Neuen Deutschen Welle bekannte er: »Ich lieb dich, rote Rose Rosemarie« und verkündete: »Ich seh den Sternenhimmel«.

A Fabian Lau

B Pur

C Vasee

D Hubert Kah

3 Punkte

48 Welcher Glaubens- oder Religionsgemeinschaft gehört man in Baden-Württemberg an?

A Die allermeisten sind katholisch.

B Nein, die allermeisten sind evangelisch.

C Die allermeisten sind konfessionslos.

D Diese drei Gruppen sind ungefähr gleich groß.

Antwort 47

D

*In Reutlingen wurde er geboren, er lebt in Mannheim: Hubert Kemmler alias Hubert Kah (*1961). Das Jurastudium in Tübingen interessierte ihn weniger als die Musik, weswegen er es hinschmiss und 1982 als NDW-Star reüssierte. Nach dem Abflauen der Neuen Deutschen Welle brachte er ab 1986 auch englischsprachige Alben heraus, daneben schrieb er Songs etwa für die Popsängerin Sandra (»Maria Magdalena«) oder Gruppen wie die »Münchener Freiheit«. 1996 und 2005 gelangen ihm Comebacks. – Landeskinder sind übrigens auch der Chansonnier Fabian Lau (geboren in Heidelberg), die Mitglieder der Softpopgruppe Pur aus Bietigheim-Bissingen und der Singer-Songwriter Vasee alias Vassilios Parashidis, der, wie Hubert Kah, aus Reutlingen stammt.*

Antwort 48

D

Baden-Württemberg ist das einzige Bundesland, das weder eindeutig katholisch geprägt ist (wie beispielsweise Bayern oder das Saarland) noch eindeutig protestantisch (wie Niedersachsen oder Schleswig-Holstein) und in dem auch diejenigen nicht die Mehrheit haben, die weder Protestanten noch Katholiken sind (wie in Hamburg und den östlichen Bundesländern). Zum Jahresbeginn 2010 hatten die beiden evangelischen Landeskirchen in Württemberg und in Baden zusammen 3 507 751 Mitglieder mit leicht fallender Tendenz, die katholische Kirche hatte in der Erzdiözese Freiburg und der Diözese Rottenburg-Stuttgart zusammen 3 927 150 Mitglieder mit deutlich fallender Tendenz. Demnach waren 32,6 Prozent der Baden-Württemberger evangelisch, 36,5 Prozent katholisch und 30,9 Prozent konfessionslos. Zu dieser Gruppe zählen nicht nur Atheisten und Agnostiker, sondern auch Mitglieder von freireligiösen christlichen Gemeinschaften sowie Anhänger anderer Religionen, darunter 700 000 Moslems und 8000 Juden.

3 Punkte

49 Warum müsste die Donau in Bayern eigentlich anders heißen?

A Weil der Grenzfluss Iller mehr Wasser als die Donau führt.

B Weil ihr Name im Schwäbischen für »da hinunter« (für die Fließrichtung) steht; sie müsste nach dem bairischen Dialekt deshalb »Daowi« heißen.

C Weil sie nach Regierungsbeschluss in Erinnerung an den Schneider von Ulm als großen Flugpionier Berblinga heißen sollte.

D Weil der Ulmer Spatz in eine andere Richtung davonflog.

3 Punkte

50 Welches ehemalige Dorf im Kraichgau wird fast jede Woche in der »Tagesschau« erwähnt?

A Oberöwisheim

B Hoffenheim

C Odenheim

D Heidelsheim

Antwort 49

A

Tatsächlich heißt die Donau ab Neu-Ulm nur aus traditionellen Gründen weiterhin Donau. Gewässerkundlich gesehen, müsste sie zunächst Iller, dann Lech, dann Isar und schließlich Inn heißen – all diese »Neben«-Flüsse führen an ihrer Mündung mehr Wasser als die Donau selbst. Iller und Illerkanal kommen zusammen auf durchschnittlich 69,7 Kubikmetern pro Sekunde, während die Donau mit 55,3 Kubikmetern heranströmt. Die Iller entspringt im bayrischen Allgäu nahe der österreichischen Grenze, ab dem Stausee bei Kardorf zwischen Lautrach (Landkreis Unterallgäu) und Aitrach (Landkreis Ravensburg) bildet sie die Grenze zwischen Bayern und Baden-Württemberg.

Antwort 50

B

Seit die TSG 1899 Hoffenheim im Jahr 2008 in die Fußball-Bundesliga aufgestiegen ist, wird sie in den 34 Spielwochen des Jahres und bei anderen Gelegenheiten in der Sportberichterstattung zur Kenntnis genommen. Die badische Landgemeinde Hoffenheim wurde 1972 nach Sinsheim (Rhein-Neckar-Kreis) eingemeindet. Hoffenheim hat etwa 3300 Einwohner und ist die Heimat nicht nur des Berliner CDU/CSU-Fraktionsvorsitzenden Volker Kauder, sondern auch von Dietmar Hopp, Jahrgang 1940. Mit vier Kompagnons gründete Hopp 1972 die Softwarefirma »Systemanalyse und Programmentwicklung« (SAP), deren Vorstands-, dann Aufsichtsratsvorsitzender er insgesamt 15 Jahre lang war. Hopp ist mit einem geschätzten Vermögen von mehr als 4 Milliarden Euro einer der reichsten Menschen der Welt. Mit privaten Investitionen von über 240 Millionen Euro hat er den Aufstieg der Hoffenheimer »Turn- und Sportgemeinschaft« erst möglich gemacht. Dazu gehört auch die Finanzierung des Dietmar-Hopp-Stadions in Hoffenheim und der Rhein-Neckar-Arena mit ihren 30 150 Plätzen in Sinsheim.

3 Punkte

51 Wie heißt die Dachform des typischen Schwarzwaldhauses?

A Schmetterlingsdach

B Krüppelwalmdach

C Kegelsatteldach

D Tonnendach

3 Punkte

52 Ein internationaler Flughafen, und keine zehn Kilometer entfernt mehr als zehn Bauwerke, die höher als 90 Meter sind. Wie heißt die Ebene mit dem Airport?

A Dolder

B Elta

C Filder

D Gulda

Antwort 51

B

Das traditionelle Schwarzwaldhaus ist aus Holz errichtet, das Dach wird mit Schindeln oder mit Stroh gedeckt. Das Dach darf dem Wind keine Angriffsflächen bieten und muss große Schneelasten bewältigen. Die hölzerne Wand sollte vor dauernder Nässe geschützt sein. Das spricht für ein tief heruntergezogenes Dach. Reicht es aber zu tief, dann wird es im Haus zu dunkel. Das Schwarzwaldhaus aus dem Bilderbuch verfügt deshalb über ein Dach, das auf der Traufseite (also der Längsseite des Hauses) tief hinabreicht, an der Giebelseite jedoch nur als schräger Ansatz ausgebildet ist. Diese Dachform nennt man Krüppelwalmdach. – Das klassische Schwarzwaldhaus vereinte Wohn- und Arbeitsbereiche, Vorratsräume, Stall und Scheuer, so dass man auch bei sehr viel Schnee problemlos zum Vieh gelangen konnte.

Antwort 52

C

Die Filder-Ebene erstreckt sich südlich der Landeshauptstadt zwischen dem Stuttgarter Talkessel, dem Schönbuch, dem Aich- und dem Neckartal. Hier befindet sich seit 1939 der Flughafen Stuttgart (bis 2000 hieß er »Flughafen Stuttgart-Echterdingen«), der jährlich 135 000 Flugbewegungen verzeichnet. Im Abstand von weniger als zehn Kilometer Luftlinie finden sich (von Westen im Uhrzeigersinn): der Vodafone-Funkturm in Stuttgart-Vaihingen (99 Meter hoch), der Richtfunkturm beim Umspannwerk Stuttgart-Möhringen (93 m), der Stuttgarter Fernsehturm in Stuttgart-Degerloch (217 m), der Fernmeldeturm auf dem Frauenkopf (192 m) und der Polizeifunkturm auf dem Raichberg (93 m), beide Stuttgart-Ost, das Heizkraftwerk Stuttgart-Gaisburg, dessen Schornsteine 125 und 160 Meter hoch sind, das Kraftwerk Altbach/Deizisau mit zwei Schornsteinen von 250 und einem von 150 Metern Höhe und schließlich der »Fernmeldeturm Waldenbuch« auf dem Betzenberg in Aichtal (146 m). Ein Richtfunkturm auf dem Gelände der US-amerikanischen »Patch Barracks« in Stuttgart-Vaihingen (96 m) wurde 2009 abgerissen.

3 Punkte

53 Wo verläuft die Bergstraße?

A In Oberschwaben von Berg (Kreis Ravensburg) zum Ehinger Stadtteil Berg.

B Zu Füßen des Odenwalds zwischen Wiesloch (Rhein-Neckar-Kreis) und Darmstadt.

C Von Baden-Baden über die Bühlerhöhe, an der Hornisgrinde vorbei zum Ruhestein und weiter über den Schliffkopf und den Kniebis nach Freudenstadt.

D Zwischen Weinheim und Mannheim.

3 Punkte

54 Waldkirch (Kreis Emmendingen) ist Deutschlands ...?

A Kirschmetropole.

B Holzzentrum.

C Kuckuckskapitale.

D Orgelhauptstadt.

Antwort 53

B

Die etwa 68 Kilometer lange Bergstraße – namengebend für die ganze Region – beschreibt die Grenze zwischen der flachen, stark besiedelten, aber auch landwirtschaftlich genutzten Rheinebene und dem bergigen Odenwald. Es handelt sich nicht um eine der zahlreichen touristischen Straßen (wie beispielsweise die hier in Antwort C beschriebene Schwarzwaldhochstraße), sondern um eine alte Römerstraße. Der Begriff »Bergstraße« wurde im Jahr 1165 erstmals in einer Urkunde erwähnt. Die Bergstraße verläuft fast vollständig im UNESCO-Geo-Naturpark Bergstraße-Odenwald; auf baden-württembergischer Seite von Wiesloch über Nußloch, Leimen, Heidelberg, Dossenheim, Schriesheim, Hirschberg, Weinheim und Hemsbach nach Laudenbach. Zwischen Heidelberg und Darmstadt ist sowohl der 85 Kilometer lange Radweg »Bergstraße« als auch die 86 Kilometer lange Wanderroute »Blütenweg« ausgeschildert.

Antwort 54

D

Die gut 20 000 Einwohner zählende Schwarzwaldstadt nördlich von Freiburg genießt als Orgelstadt Weltruhm. Seit 1799 werden in Waldkirch Kirchenorgeln gebaut, seit1834 Drehorgeln; im Lauf des 19. Jahrhunderts entstanden auch Manufakturen für Jahrmarkt- und Kirmesorgeln sowie Orchestrien. Vier Firmen decken heute in Waldkirch das ganze Spektrum des Orgelbaus ab. Waldkirch pflegt die Orgeltradition sorgsam – mit dem internationalen Orgelfest »Waldkirch dreht durch« (alle drei Jahre), den jährlichen Orgelschlemmerwochen, der Waldkircher Orgelstiftung mit Orgelbauersaal und Ausstellungsräumen sowie mit Orgeln aller Größen im Elztalmuseum. Die Firma Mack baute in Waldkirch Wagen zum Orgeltransport und entwickelte sich im 20. Jahrhundert zum Wagenbauer für Schausteller und Zirkusunternehmen, zum Konstrukteur von Fahrgeschäften und schließlich zu einem der weltweit führenden Hersteller von Freizeitparkattraktionen. – Drehorgeln und Orchestrien kann man übrigens auch im Deutschen Musikautomaten-Museum in Bruchsal und im Schwarzwaldmuseum in Triberg bewundern.

4 Punkte

55 Fährt man vom Nordschwarzwald Richtung Stuttgart, kommt man durch die Gäulandschaften. Welche gehört nicht dazu?

A Korngäu

B Heckengäu

C Strohgäu

D Kartoffelgäu

4 Punkte

56 Warum besteht die Schwäbische Alb aus Kalkstein?

A Das sind Reste eines Meteoriten-Einschlags vor 2 Millionen Jahren.

B Der Kalk wurde aus dem Erdinneren hochgeschleudert.

C Es handelt sich um Reste von Meeres-Lebewesen.

D Der Kalk ist dadurch entstanden, dass Kohlenstoff im Erdmantel unter hoher Temperatur sehr stark zusammengepresst wurde.

Antwort 55

D

»Das Gäu«, wie man die Gäulandschaften in der Kurzform nennt, ist eine fruchtbare, wellige Ebene östlich der Nagold und südlich der Enz. Sie gliedert sich in drei Teilgebiete, nämlich das Obere oder Korngäu im Südosten, etwa zwischen Eutingen im Gäu und Deckenpfronn mit Herrenberg als Hauptort, das Schlehen- oder Heckengäu ungefähr zwischen Waldachtal und Vaihingen an der Enz mit Nagold, Calw und Vaihingen als Hauptorten und das Untere oder Strohgäu im Nordosten, etwa zwischen Weil der Stadt und Kornwestheim mit Leonberg und Ditzingen als Hauptorten. Im Korn- und im Strohgäu wird bis heute viel Getreide angebaut und im Heckengäu findet man tatsächlich viele Hecken, Gebüsche und Feldgehölze, darunter viele Schlehdornbüsche. Alle diese Bezeichnungen stammen vermutlich aus einer Zeit, als man in Europa die Kartoffel noch nicht kannte. Jedenfalls: Ein Kartoffelgäu gibt's weder hier noch anderswo.

Antwort 56

C

Die Schwäbische Alb entstand in der Jurazeit, vor 206 bis 144 Millionen Jahren. Damals formten sich die heutigen Kontinente. Weite Teile Mitteleuropas waren von subtropischem Ozean bedeckt, einem Ausläufer des Urmeers Tethys. Korallen bildeten Riffe, Muschelschalen und die Häuser von Meeresschnecken sammelten sich am Boden der See, tote Fische, Saurier und Krokodile sanken auf den Meeresgrund und wurden vom sauerstoffarmen Schlamm eingeschlossen. All diese Ablagerungen ergaben das Kalkgestein. Durch Erdbewegungen brach vor etwa 30 Millionen Jahren der Oberrheingraben ein, falteten sich die Gebirge auf: Es bildete sich das Südwestdeutsche Schichtstufenland. Die seit damals schräg gelagerten Erdschichten verwitterten unterschiedlich stark, weswegen man im Schwarzwald andere Gesteine vorfindet als auf der Alb. Der Kalkstein wird heute unter anderem zur Schotter- und Zementherstellung abgebaut. In manchen Schichten kann man bestens erhaltene, versteinerte urweltliche Tiere und Pflanzen finden.

4 Punkte

57 Wo findet man Europas höchste und größte Achterbahn?

A Jeden Herbst auf dem Cannstatter Volksfest in Stuttgart.

B Im Europa-Park in Rust.

C Im Freizeitpark Hardt im Schwarzwald.

D Im Zentrum für Kunst und Medientechnologie in Karlsruhe.

4 Punkte

58 Warum heißt die Zollernalb Zollernalb?

A Vom höchsten Turm der Burg Hohenzollern aus kann man sie komplett überblicken.

B Im Grenzland zwischen Baden und Württemberg gab es früher viele Zollstationen.

C Diese Gegend wurde im Frühmittelalter von dem irischen Mönch Sir Woof Gang Crup entdeckt und mit dem Zollstock vermessen.

D Weite Teile der Zollernalb gehörten früher zum Herrschaftsbereich des Hauses Hohenzollern.

Antwort 57

B

Der Europa-Park in Rust (Ortenaukreis) ist der größte und meistbesuchte Freizeitpark Deutschlands. Franz und Roland Mack, die Betreiber einer Waldkircher Karussellbaufirma, eröffneten ihn 1975 in einem alten Schlosspark; er umfasst eine Fläche von knapp einem Quadratkilometer und verzeichnet über vier Millionen Gäste im Jahr. In 13 europäischen Themenbereichen locken mehr als 100 Attraktionen und Shows, darunter zehn Achterbahnen. Unter ihnen ragt im Wortsinne der »Silver Star« heraus, die größte Achterbahn Europas: 73 Meter Höhe, Höchstgeschwindigkeit 130 km/h, Fliehkraft bis 4 g, also bis zur vierfachen Erdbeschleunigung. – Der Freizeitpark in Hardt (Kreis Rottweil) besteht hingegen aus zwei betagten Modelleisenbahnen, zwei Ausstellungen, Pit-Pat, Minigolf und einer Bahnenfußballanlage. Darüber hinaus gibt es in Baden-Württemberg gut ein Dutzend weiterer Freizeitparks.

Antwort 58

D

Im frühen 12. Jahrhundert wurde das Geschlecht der Zollern vom Kaiser zu Grafen ernannt. Die Herrschaft der Zollern erstreckte sich zunächst auf das Gebiet rund um Hechingen und ihren Stammsitz auf dem Zollerberg. 1267 nahmen sie Haigerloch ein, 1286 Balingen, und nach der Reformation reichte das bumerangförmige Herrschaftsgebiet vom Schwarzwald bis zum Bodensee. Unter anderem gehörten Haigerloch, Hechingen, Burladingen, Trochtelfingen, Gammertingen und Sigmaringen dazu. Ab 1576 war das Land zunächst drei-, später zweigeteilt; die Herrscherfamilie nannte sich mittlerweile »Hohenzollern«. Bei Napoleons Neuordnung des deutschen Südwestens Anfang des 19. Jahrhunderts hatte Hohenzollern Bestand; im Gebiet des heutigen Baden-Württemberg gab es danach vier Staaten, nämlich Baden, Württemberg, Hohenzollern-Hechingen und Hohenzollern-Sigmaringen. 1850 fiel das zollerische Gebiet an Preußen, das es bis nach dem Zweiten Weltkrieg als Provinz »Hohenzollernsche Lande« (ab 1928 »Hohenzollerische Lande«) verwaltete.

4 Punkte

59 Auf was bummelt der »Rebenbummler«?

A Auf gut Glück.

B Auf Schienen.

C Auf den Königstuhl.

D Auf vier Pfoten.

4 Punkte

60 In zwei baden-württembergischen Städten wird dem Quadrat gehuldigt. Die eine ist Mannheim und die andere ...?

A ... Kehl mit seinem Stadtteil Querbach.

B ... Waldenbuch.

C ... Ulm mit seinem Stadtteil Eggingen.

D ... Wangen im Allgäu.

Antwort 59

B

Der Rebenbummler ist ein Museumsdampfzug. Er wird von den Eisenbahnfreunden Breisgau privat betrieben und verkehrt an etwa 18 Tagen zwischen Mai und Oktober auf der Kaiserstuhlbahn zwischen Riegel am Kaiserstuhl und Breisach am Rhein. Es werden Originalfahrzeuge der einstigen Kaiserstuhlbahn eingesetzt; die ältesten Wagen stammen von 1904.

Antwort 60

B

Die »Quadratestadt« Mannheim wurde von Kurfürst Friedrich IV. von der Pfalz mit schachbrettartigem Grundriss angelegt; noch heute heißen die Häuserblocks der Innenstadt »Quadrate«. Der Stadtgrundriss von Waldenbuch (Kreis Böblingen) hingegen hat nichts mit dem Quadrat zu tun. Aber die Produkte des größten Industriebetriebs am Ort, der Firma Alfred Ritter. »Quadratisch, praktisch, gut«: Von hier kommen die farbig verpackten Schokoladenquadrate, die es mittlerweile in 70 Ländern zu kaufen gibt. Bereits 1932 hatte die Fabrikantengattin Clara Ritter die Idee, quadratische Schokoladetafeln anzubieten. Die Legende sagt, sie habe im Waldenbucher Fußballstadion Fans beobachtet, die Schokolade mitbrachten; die Tafeln seien jedoch zerbrochen gewesen. »Machen wir doch eine Schokolade, die in jede Sportjackentasche passt«, sei ihr Vorschlag gewesen. Auch das Museum Ritter auf dem Firmengelände feiert das Quadrat. In einem quadratischen Bau werden Gemälde, Objekte, Skulpturen und graphische Arbeiten aus dem 20. und 21. Jahrhundert gezeigt. Sie drehen sich alle ... ums Quadrat.

4 Punkte

61 Baden-Württemberg ist ziemlich dicht besiedelt. Welchen Anteil haben Wald, Grünanlagen und landwirtschaftlich genutzte Gebiete an der Gesamtfläche?

A 45 %

B 75 %

C 85 %

D 95 %

4 Punkte

62 Wenn ein Karlsruher von »ZKM« spricht, meint er ...?

A ... die Zentrale Konferenzmesse.

B ... die Zierde Karlsruher Mädchen, ein Haarreif in Form eines Fächers.

C ... »Zaster, Knete, Moos«, den Spitznamen der Staatlichen Münze.

D ... das Zentrum für Kunst und Medientechnologie.

Antwort 61

C

Baden-Württemberg ist 35 751,48 Quadratkilometer groß. Nach der amtlichen Statistik haben am Jahresende 2010 Landwirtschaftsfläche (1 635 605 Hektar), Waldfläche (1 368 800 Hektar) und Grünanlagen (15 733 Hektar) zusammen 30 201,38 Quadratkilometer eingenommen. Das entspricht immerhin 84,48 Prozent der Gesamtfläche. Nicht mitgezählt sind Grünflächen wie Friedhöfe oder Freiflächen innerhalb von bebautem Gebiet. Gebäude- und Freifläche nimmt insgesamt 271 378 Hektar ein, Betriebsfläche 11 153 ha, Erholungsfläche – beispielsweise Sportanlagen oder Campingplätze – 30 443 ha, Verkehrsfläche 195 683 ha, Wasserfläche 38 568 ha und Flächen anderer Nutzung 23 517 ha.

Antwort 62

D

Das »ZKM – Zentrum für Kunst und Medientechnologie Karlsruhe« wurde 1989 gegründet und ist seit 1997 in einer riesigen ehemaligen Munitionsfabrik in der Lorenzstraße angesiedelt. Ausstellungen, künstlerische Produktion, wissenschaftliche Forschung, Dokumentation und Veranstaltungen zu verschiedensten Medien-Aspekten – das ZKM ist der einzige Ort der Welt, an dem sich dies alles unter einem Dach findet. Es verknüpft Kunst und digitale Technologie und ist weltweit die größte Institution für Medienkunst. Das ZKM beherbergt das Museum für Neue Kunst, das wegweisende europäische und amerikanische Arbeiten der letzten 50 Jahre zeigt, und das Medienmuseum, das erste und einzige Museum der Welt für Interaktive Kunst mit der weltgrößten Sammlung interaktiver Medienkunstwerke.
Das Labor für antiquierte Videosysteme, eine europaweit einzigartige Forschungseinrichtung, entwickelt Methoden, um Jahrzehnte alte Videospulen und seltene Kassettenformate zu restaurieren. Im Gebäude des ZKM sind außerdem die Staatliche Hochschule für Gestaltung und die Städtische Galerie Karlsruhe untergebracht.

4 Punkte

63 Wer nicht aufpasst, bekommt in Freiburg ...?

A ... graue Haare.

B ... dreckige Hände.

C ... nasse Füße.

D ... Nabelschmerzen.

4 Punkte

64 Warum trägt Heilbronn den Beinamen »Käthchenstadt«?

A Weil Heilbronnerinnen der Puppenmacherin Käthe Kruse Modell standen.

B Die Skifliegerin Käthchen Knackwurst stammt von hier.

C Nach Heinrich von Kleists Drama »Das Käthchen von Heilbronn«.

D In Heilbronn wurde Schmuck produziert, die korrekte Schreibweise lautet: Kettchenstadt.

Antwort 63

c

In 65 Freiburger Altstadtstraßen fließen »Bächle«. Das sind kleine Kanäle mit einer Gesamtlänge von 15,5 Kilometern, davon verlaufen 9,1 Kilometer offen – meist in Fußgängerzonen. Bereits im Jahr 1238 werden die Bächle in einer Urkunde erwähnt. Ursprünglich dienten sie zur Brauchwasserversorgung, als Brandschutz und zur Abwasserentsorgung. Etwa 250 Liter pro Sekunde werden durch einen 500 Meter langen Stollen im Schlossberg vom Gewerbekanal abgezweigt, der sich seinerseits aus Wasser der Dreisam speist. Beim Schwabentor wird das Wasser in die Bächle eingeleitet und durch etwa 150 Schieber fein verteilt. Die Bächle sind zwischen 15 und 75 Zentimeter breit, seitlich meist von Granitplatten eingefasst und mit einer Sohle aus Basaltpflaster oder in besonderen Fällen aus Rheinkiesel versehen. Städtische Angestellte, die »Bächleputzer«, reinigen die Wasserläufe zweimal täglich.

Antwort 64

c

Mittelalter. Graf Wetter vom Strahl und Käthe Friedborn, die 15-jährige Tochter eines Heilbronner Waffenschmieds, lieben sich. Heirat kommt nicht in Frage, da nicht standesgemäß. Doch in einem Gottesgericht stellt sich heraus, dass Käthchen einem Techtelmechtel ihrer Mutter mit dem Kaiser entstammt. Der Herrscher erkennt seine uneheliche Tochter an, verheiratet sie mit dem Grafen, zwischendrin tritt noch ein Engel auf, eine Nebenbuhlerin plant einen Giftanschlag und Käthchen spricht im Schlaf. – Wäre das Stück nicht von Kleist, man müsste es eine Schmonzette nennen. »Das Käthchen von Heilbronn oder Die Feuerprobe« hat der ostdeutsche Dichter 1808 verfasst. Es spielt vor allem auf der Strahlenburg bei Schriesheim, doch Heilbronn hat es verstanden, sich ein gutes Stück der einstigen Popularität abzuschneiden. Gleich beim Marktplatz findet man den Käthchenhof mit dem Käthchenhaus (eine völlig freie Benennung). Alle zwei Jahre wird ein Käthchen gewählt, eine Art Heilbronner Weinkönigin. Es gibt Käthchenpuppen, Käthchen-Kaminhölzer, Käthchen-Schlüsselanhänger und einen Sekt »Käthchen von Heilbronn«.

4 Punkte

65 Wie heißt der höchste Berg des Kaiserstuhls?

A Totenkopf

B Mumie

C Kadaver

D Skelett

4 Punkte

66 125 Jahre Automobilindustrie! Nur ein Museum auf der Welt kann ihre Geschichte vom ersten Tag an lückenlos darstellen, nämlich ...?

A ... das Technoseum in Mannheim.

B ... das Auto & Technik Museum Sinsheim.

C ... das Deutsche Zweirad- und NSU-Museum in Neckarsulm.

D ... das Mercedes-Benz Museum in Stuttgart.

Antwort 65

A

Der Totenkopf (557 m über NN) ist eine markante Erhebung im Landkreis Breisgau-Hochschwarzwald zwischen dem Stadtteil Bickensohl der Stadt Vogtsburg im Kaiserstuhl und der Gemeinde Bötzingen. Wie der ganze Kaiserstuhl ist auch der Totenkopf vulkanischen Ursprungs. So ist es kein Wunder, dass er hauptsächlich aus magmatischen Gesteinen wie Augit oder Tephrit gebildet wird. Der Gipfelwald wird von dem 155 Meter hohen Fernmeldeturm »Vogtsburg 1« überragt, der 13 digitale Fernsehprogramme sowie die Radioprogramme SWR4 und Radio Dreyeckland ausstrahlt. Etwas östlich davon bildet der Totenkopf einen zweiten Gipfel, Neunlinden genannt (555 m), auf dem die Sektion Ihringen des Schwarzwaldvereins im Jahr 1900 einen Aussichtsturm errichtet hat. Von hier sieht man sehr gut in den Schwarzwald und die Vogesen, und auch umgekehrt nimmt man von westlichen Schwarzwaldgipfeln aus die beiden Türme als Landmarken wahr.

Antwort 66

D

Zwischen den Daimler-Werken in Stuttgart-Untertürkheim und der Mercedes-Benz Arena in Stuttgart-Bad Cannstatt liegt die »Mercedes-Benz Welt« mit dem Kundenzentrum und dem 2006 eröffneten Mercedes-Benz Museum. Carl Benz und Gottlieb Daimler haben 1885/86 unabhängig voneinander das Auto erfunden. Das Unternehmen, das sich daraus entwickelt hat, präsentiert im Mercedes-Benz Museum 1500 Ausstellungsstücke zur Automobilgeschichte, darunter 160 Fahrzeuge – neben kutschenartigen Oldtimern, Kabrios, Limousinen und Kombis auch Renn- und Rekord- sowie Nutzfahrzeuge. Die neun Ebenen des Museums weisen 16 500 Quadratmeter Fläche auf und laden zu zwei miteinander verbundenen Rundgängen ein. Das Museumsgebäude (Entwurf: UNStudio van Berkel & Bos, Amsterdam) ist im Inneren der doppelten DNS-Spirale nachempfunden, die das menschliche Erbgut trägt. Die Architektur wurde im Computer dreidimensional geplant, zur Umsetzung erhielten die Bauunternehmen 38 000 Werkpläne. Allein die Fensterbänder bestehen aus 1800 dreieckigen Scheiben, darunter keine zwei gleichen.

4 Punkte

67 Was verbindet Schwarzwald und Kraichgau?

A Der Pfinzgau

B Die Bollenhuttracht

C Die Autobahn A 81

D Die Enz

4 Punkte

68 »Oberrheinische Tiefebene« – so nennt man das Tal zwischen dem Schwarzwald und den Vogesen. Wodurch ist sie entstanden?

A Sie wurde vom Rhein ausgewaschen.

B Ein Alpengletscher hat sie ausgeschabt.

C Die Erdkruste hat sich hier gedehnt, gespaltet und abgesenkt.

D Der badische Ingenieur Johann Gottfried Tulla (1770–1828) hat sie ausheben lassen.

Antwort 67

A

Der Pfinzgau bezeichnet ein Gebiet zwischen Pforzheim und Karlsruhe. Seinen Namen leitet er von dem Flüsschen Pfinz ab, das beim Karlsbader Ortsteil Ittersbach (Landkreis Karlsruhe) entspringt, beim Dettenheimer Ortsteil Rußheim (ebenfalls Landkreis Karlsruhe) in den Rheinniederungskanal mündet. Der Oberlauf der Pfinz bis zum Karlsruher Stadtteil Grötzingen bewegt sich im Pfinzgau, der Orte wie Ispringen, Eisingen, Kämpfelbach, Keltern, Karlsbad, Remchingen, Königsbach-Stein und Pfinztal umfasst. Im Süden berührt der Pfinzgau den Schwarzwald und das früher württembergische Kirschengäu, im Norden den Kraichgau. Das Gebiet »Pfinzgau West« ist Landschaftsschutzgebiet und teilweise Flora-Fauna-Habitat-Schutzgebiet im Rahmen des europäischen Schutznetzes »Natura 2000«.

Antwort 68

C

In einer Breite von 30 bis 40 Kilometern erstreckt sich die Oberrheinebene von Basel bis Frankfurt am Main. Vor 45 Millionen Jahren kam es im Erdinneren zu Spannungen; die Erdkruste wurde gedehnt, mehrere Kilometer weit auseinandergezerrt und in der Folge bildete sich eine grabenartige Einsenkung, die mehr als drei Kilometer tief reichte. Gleichzeitig hoben sich die Gebirge am Rand an, also Vogesen und Schwarzwald. In Jahrmillionen füllte sich die Senke mit Kies, Sand und Lehm, die von Flüssen hergespült wurden. Zeitweise bildete sich ein riesiger See. Fünfmal drang das Meer in die Senke ein, am Boden sammelten sich organische Ablagerungen, die später zu Erdöl und Erdgas wurden. Dann trocknete das Meer aus und hinterließ eine Salzschicht. Insgesamt sammelte sich in der Senke die unvorstellbare Menge von 19 000 Kubikkilometer Ablagerungen. – Der Rhein existiert erst seit 10 Millionen Jahren, ist also viel jünger als der Graben. Johann Gottfried Tulla hat ihn begradigt und manche Altrheinarme trockengelegt, die Oberrheinische Tiefebene jedoch ist zu groß, als dass sie Menschenwerk sein könnte.

4 Punkte

69 Wie viele kreisfreie Städte hat Baden-Württemberg?

A 5

B 7

C 9

D 11

4 Punkte

70 Wie nennt man Straußwirtschaften in Württemberg?

A Kutterschaufel

B Kehrwisch

C Besen

D Lappen

Antwort 69

c

Kreisfreie Städte nennt man in Baden-Württemberg – und nur hier – »Stadtkreise«. Neun davon gibt es im Land, nämlich Baden-Baden, Freiburg im Breisgau, Heidelberg, Heilbronn, Karlsruhe, Mannheim, Pforzheim, Stuttgart und Ulm. Die Auswahl ist zum Teil historisch bedingt, hat aber auch etwas mit der Bedeutung der Städte innerhalb des Landes zu tun. Jedenfalls ist nicht allein die Größe ausschlaggebend, denn Reutlingen hat beispielsweise 112 000 Einwohner und bildet keinen Stadtkreis, während Baden-Baden mit seinem eigenen Stadtkreis nur 54 500 Einwohner hat. Die Aufgaben des Landratsamts in einem Landkreis – von der Abfallwirtschaft bis zur Zulassung eines Fahrzeugs – übernimmt im Stadtkreis die Stadtverwaltung. In Baden, Hohenzollern und Württemberg gab es bis zur Verwaltungsreform 1938 nur den Stadtkreis Stuttgart.

Antwort 70

c

»Besenwirtschaft« oder kurz »Besen« nennen es die Schwaben, wenn ein Weingärtner in der eigenen Wohnung, einer Scheuer oder in seinem Keller einige Wochen lang seinen eigenen Wein ausschenkt – andernorts sagt man dazu »Straußwirtschaft«, »Heckenwirtschaft« oder am Bodensee »Rädlewirtschaft«. Den Zweig eines Nadelbaums bezeichnet man im Schwäbischen als »Bäsa«; die Winzer hängen traditionell einen Tannenzweig ans Tor und kennzeichnen so den Eigenausschank. Da heute viele den Dialektausdruck nicht mehr verstehen, wird der Ast meist durch einen Reisigbesen ersetzt. »Besenwirtschaft« ist ein Inbegriff der Gemütlichkeit. Der Winzer serviert einfache Gerichte wie Schlachtplatte oder Maultaschen zu günstigen Preisen, die Platzzahl ist auf 40 beschränkt, die Öffnungszeit auf höchstens vier Monate im Jahr. Hauptöffnungszeiten sind Frühherbst (um die Fässer für den neuen Wein zu leeren) und Frühjahr (um den durchgegorenen Wein des Vorjahrs zu präsentieren). Eine Besenwirtschaft ist nicht erlaubnispflichtig; steuerrechtlich wird sie dem landwirtschaftlichen Betrieb zugeschlagen.

4 Punkte

71 Wie heißt die länderübergreifende Verwaltungszusammenarbeit in der Kurpfalz?

A Region Unterer Oberrhein

B Rhein-Neckar-Dreieck

C Europäische Metropolregion Rhein-Neckar

D Regionalverband Mannheim-Ludwigshafen

4 Punkte

72 Welche Landschaft verbindet Baden-Württemberg mit dem schweizerischen Kanton Schaffhausen?

A Der Klettgau

B Der Hakengau

C Der Klebgau

D Der Ösengau

Antwort 71

C

Eine im Jahr 1951 gegründete kommunale Arbeitsgemeinschaft war die Keimzelle. Die 2005 gegründete und durch Staatsvertrag abgesicherte »Europäische Metropolregion Rhein-Neckar« garantiert im nordwestlichen Dreiländereck Baden-Württembergs eine gemeinsame Planung und schlagkräftige Entwicklung zwischen Odenwald und Südlicher Weinstraße. Die Region hat rund 2,3 Millionen Einwohner und umfasst in Baden-Württemberg die Städte Mannheim und Heidelberg, den Rhein-Neckar- und den Neckar-Odenwald-Kreis, in Hessen den Kreis Bergstraße sowie in Rheinland-Pfalz die Städte Frankenthal, Landau, Ludwigshafen, Neustadt an der Weinstraße, Speyer und Worms, den Rhein-Pfalz-Kreis sowie die Landkreise Bad Dürkheim, Germersheim und Südliche Weinstraße. Die Zusammenarbeit ersteckt sich auf Bereiche wie Wirtschaftsförderung, Messen, Tourismus, Verkehrsplanung und Energieversorgung, aber auch Forschung, Kunst und Kultur.

Antwort 72

A

Der Klettgau umfasst die Gegend zwischen Schaffhausen (Schweiz) und Waldshut-Tiengen, anders gesagt: zwischen dem Berg Randen und der so genannten Klettgaualb im Osten, dem Fluss Wutach und dem Schwarzwald im Nordwesten sowie dem Rhein im Süden und Südwesten. Das sanfte und sehr fruchtbare Tal beherbergte vor Jahrmillionen einen Gletscher, später floss hier der Rhein, bevor er vor etwa 200 000 Jahren seinen heutigen Verlauf nahm. In der Schweiz gilt das Gebiet als Kornkammer und als »Blauburgunderland«. Weinbau gibt es auch auf deutscher Seite: Der Ortsteil Erzingen der Gemeinde Klettgau gilt als südlichste und höchstgelegene Weinbaugemeinde Deutschlands (504 m). Der Klettgau wurde bereits im Jahr 806 erstmals urkundlich erwähnt und war im Spätmittelalter und in der frühen Neuzeit Landgrafschaft. Im Jahr 1499 bildete er einen der Hauptkriegsschauplätze des Schwabenkriegs zwischen der Eidgenossenschaft und dem Haus Habsburg.

5 Punkte

73 Gesetzt den Fall, es käme zu einer militärischen Auseinandersetzung in Aserbaidschan – wo würde dann das militärische Oberkommando über die US-amerikanischen Streitkräfte geführt?

A In Washington

B In Stuttgart

C In Brüssel

D Vor Ort

5 Punkte

74 Wo stößt man auf den »Badischen Amazonas«?

A Im Tauben Tal

B Im Taubertal

C Auf dem Tauberg

D Im Taubergießen

Antwort 73

B

Selbstverständlich stehen der amerikanische Präsident und danach der US-Verteidigungsminister an der Spitze der Befehlskette der Truppen der Vereinigten Staaten. Doch sie sind beide Zivilisten. Das militärische Oberkommando liegt bei den Kommandeuren der »Unified Combatant Commands«. Für Aserbaidschan, Georgien, Armenien, die Türkei, das gesamte Russland bis zur Beringstraße sowie alle europäischen Länder ist das »United States European Command« (EUCOM) zuständig. Es hat seinen Sitz in den Patch Barracks im Stuttgarter Stadtteil Vaihingen. – Der Kommandeur des EUCOM ist traditionell zugleich Oberster Alliierter Befehlshaber Europa (SACEUR) der NATO. Als solcher hat er die Gesamtplanungs- und Weisungsbefugnis für alle NATO-Operationen weltweit. In dieser Funktion befindet sich sein Sitz allerdings im Obersten Hauptquartier der Alliierten Mächte Europa in Mons (Belgien).

Antwort 74

D

Taubergießen heißt ein 16,8 Quadratkilometer großes Naturschutzgebiet im Ortenaukreis und im Kreis Emmendingen. Ein Auenwald ist hier von Gräben, Bächen, Flüsslein und Altrheinschlingen durchzogen, so dass er an den sumpfigen Urwald im Amazonasdelta erinnert. Der Taubergießen liegt direkt am Rhein zwischen dem Schwanauer Ortsteil Wittenweier und dem Leopoldskanal. Östlich davon liegen Kappel am Rhein, das zu Kappel-Grafenhausen gehört, Rust und Rheinhausen-Niederhausen. 10 Quadratkilometer sind gemeindefreies Gebiet; der Grund und Boden gehört der elsässischen Kommune Rheinau (frz. Rhinau). Man kann Fahrten im Stocherkahn oder Fischernachen buchen und gleitet dann vorbei an Farn und Schilf, Silberweiden, Lianen und bemoosten toten Baumstämmen. Im Taubergießen gedeihen wild mehr als zwei Dutzend Orchideenarten; hier leben Libellen und Biberratten, Eisvögel, Fluss-Seeschwalben, Lachmöwen und im Winterhalbjahr Kormorane. Auf ausgewiesenen Wegen kann man das Naturschutzgebiet auch zu Fuß oder mit dem Fahrrad erkunden.

5 Punkte

75 »Badischer Reis« – was ist das?

A Ein Karlsruher Erfinder.

B Grünkern, eine besondere Form des Dinkels.

C Ein touristisches Pauschalangebot für Mitbürger mit Migrationshintergrund.

D Tannenzweige aus dem Schwarzwald.

5 Punkte

76 Die höchste Auszeichnung des Landes ist der Verdienstorden. Wie viele Inhaber darf es zur gleichen Zeit höchstens geben?

A 100

B 1000

C 10 000

D 100 000

Antwort 75

B

Der südöstliche Teil des Odenwalds trägt den merkwürdigen Namen Bauland. Nicht weil hier so viele Immobilienprojekte entstünden, sondern weil das Kloster Amorbach und andere Grundeigentümer im Hochmittelalter den Wald gerodet haben und damit begannen, auf den fruchtbaren Muschelkalkböden Getreide anzubauen. Dazu gehörte auch die heute selten gewordene Getreideart Dinkel. Erntet man ihn, bevor er reif ist, und trocknet ihn anschließend, so erhält man Grünkern. Er ist tatsächlich grünlich und schmeckt wunderbar nussig. Im Jahr 1660 wird er erstmals in einer Urkunde genannt, und zwar auf einer Rechnung des Klosters Amorbach. Der Volksmund hat ihm irgendwann den Beinamen »Badischer Reis« verpasst. Traditionell wird Grünkern als Suppeneinlage verwendet. Eine Spezialität ist der Grünkernpudding, den man im Wasserbad zubereitet. In der Vollwerternährung spielen Grünkernbratlinge eine wichtige Rolle.

Antwort 76

B

Der Verdienstorden des Landes Baden-Württemberg wurde 1974 als »Verdienstmedaille« gestiftet. Sie wird vom Ministerpräsidenten »als Zeichen dankbarer Würdigung hervorragender Verdienste um das Land Baden-Württemberg und seine Bevölkerung« verliehen, und zwar für Leistungen, »die insbesondere im politischen, sozialen, kulturellen und wirtschaftlichen Bereich dem Wohl der Allgemeinheit dienen«, wie es im Stiftungsstatut heißt. Verdiente Persönlichkeiten aus allen Gruppen der Bevölkerung sollen in allen Gebieten des Landes möglichst gleichmäßig berücksichtigt werden. Um die Wertigkeit und das Ansehen des Ordens zu unterstreichen, ist die Zahl der lebenden Ordensinhaber auf 1000 begrenzt. Derzeit sind es etwa 780 Inhaber; insgesamt wurde die Landesverdienstmedaille bislang 1731 Mal verliehen (Stand: Mai 2010). Die Medaille besteht aus Gold; sie hat 26 Millimeter Durchmesser und zeigt auf der Vorderseite das Landeswappen und in der unteren Hälfte die Beschriftung »Baden-Württemberg«. Die Rückseite trägt die Aufschrift »Für Verdienste« und einen stilisierten Lorbeerzweig.

5 Punkte

77 Wie viele Baden-Württembergerinnen und Baden-Württemberger feiern durchschnittlich am gleichen Tag Geburtstag?

A 10 753

B 29 443

C 294 430

D 10 753 880

5 Punkte

78 Und wie lange dauert es durchschnittlich, bis wieder eine Baden-Württembergerin oder ein Baden-Württemberger auf die Welt kommt?

A 13,725 Sekunden

B Knapp sechs Minuten

C Etwa eine halbe Stunde

D Mehr als zehn Stunden

Antwort 77

B

Baden-Württemberg hat 10 753 880 Einwohner (Stand 31. Dezember 2010). Das Jahr hat 365 Tage und einen Viertel Schalttag, so dass im Südwesten rechnerisch Tag für Tag 29 443 Menschen Geburtstag haben. In Wirklichkeit gibt es natürlich gewisse jahreszeitliche Schwankungen. Am wenigsten Leute haben am 29. Februar Geburtstag.

Antwort 78

B

Nein, die Frage war nicht, wie lange sich der Geburtsvorgang hinzieht. Sondern in welchem Abstand, statistisch gesehen, in Baden-Württemberg Geburten stattfinden. Im Jahr 2010 haben im Südwesten 90 695 Kinder lebend das Licht der Welt erblickt. Das entspricht durchschnittlich 248 Geburten pro Tag oder etwas mehr als zehn Geburten pro Stunde. Rechnerisch kommt demnach zwischen Odenwald und Bodensee alle 5,7992 Minuten ein Baby zur Welt.

5 Punkte

79 In Mannheim ist E5 ...?

A ... der Europäische Fernwanderweg Berlin–Madrid, der durch Sandhofen führt.

B ... die Autobahn (Europastraße) von Rotterdam nach Hockenheim.

C ... die Adresse des Rathauses.

D ... das Kennzeichen des Autos, das sich die Rapper 2K, Pal One, Torch und Xavier Naidoo teilen.

5 Punkte

80 Wo kann man Drehbuch studieren?

A An der Filmakademie in Ludwigsburg.

B Beim Südwestrundfunk in Baden-Baden.

C In Seminaren des Börsenvereins des Deutschen Buchhandels, Landesverband Baden-Württemberg.

D Auf dem Cannstatter Volksfest.

Antwort 79

C

Mannheim ist eine absolutistische Stadtgründung. Kurfürst Friedrich IV. von der Pfalz ließ ab 1606 die nach ihm benannte Festung Friedrichsburg und, damit verbunden, an der Stelle des kleinen Dorfes Mannheim eine hufeisenförmige Stadt errichten. Das gitterförmige Straßennetz hat zwei Hauptachsen, die Kurpfalzstraße und die Planken. Die anderen Straßen der historischen Altstadt tragen keine Namen, dafür werden die Baublocks dazwischen – die so genannten Quadrate – wie Felder eines Schachbretts mit einer Kombination aus Buchstaben und Zahlen bezeichnet. Das Rathaus nimmt das gesamte Quadrat E5 ein. Es liegt zwischen den Quadraten E4, E6, D5 und F5. Aus den Quadraten leitet sich auch das Stadtlogo ab: Mannheim^2 steht für »Mannheim im Quadrat«.

Antwort 80

A

Die Filmakademie Baden-Württemberg wurde 1991 gegründet. Ausgebildet werden neben Drehbuchautoren Film- und Fernsehregisseure, Produzenten, Kameraleute, Cutter, Filmmusiker, Sounddesigner und Szenenbildner. Die Filmakademie hat international einen sehr guten Ruf. 300 Fachleute aus allen Bereichen des Filmwesens betreuen die Studierenden. In den verschiedenen Studiengängen entstehen jährlich etwa 250 Filme, die regelmäßig auf Festivals Preise gewinnen. Ein Schwerpunkt der Filmakademie liegt auf Animation, Special Effects und digitaler Postproduktion. Das Drehbuchstudium erstreckt sich über acht Semester. Die Studenten befassen sich mit Charakterkunde und Tiefenpsychologie ebenso wie mit dramaturgischen Modellen, Erzählstrukturen, dem Aufbau von Akten, Sequenzen und Szenen, den Filmgenres sowie mit dem Lektorieren und Bearbeiten bereits existierender Skripte. Unter individueller Anleitung verfassen sie mehrere Kurzfilm- oder Serienbücher sowie mindestens ein Drehbuch für einen abendfüllenden Spielfilm.

5 Punkte

81 Was ist das Wahrzeichen von Lahr/Schwarzwald?

A Die Blinde Kuh

B Der Stotternde Rollstuhlfahrer

C Das Kleinwüchsige Drillingspaar

D Der Hinkende Bote

5 Punkte

82 Wer hat in Badenweiler nicht gebadet?

A Die Römer

B Abraham Lincoln

C Hermann Hesse

D Indira Gandhi

Antwort 81

D

Seit dem Jahr 1800 erscheint in Lahr/Schwarzwald in ununterbrochener Folge der Volkskalender »Lahrer Hinkender Bote«. Seit dieser Zeit wird der Kurier auf dem Titelblatt mit amputiertem Bein dargestellt; er trägt Uniform und eine Unterschenkelprothese – vermutlich handelt es sich also um eine Kriegsverletzung. Ein Mann mit Holzfuß war zur Feldarbeit nicht zu gebrauchen; er stand sprichwörtlich für die gesicherte Wahrheit einer Nachricht, denn er konnte nicht Reißaus nehmen, falls eine Unwahrheit aufgeflogen wäre. Man sieht die Figur in Lahr auch als überlebensgroße Plastik im Straßenbild oder beispielsweise auf feine Pralinen aufgebracht. Heute verbindet der Kalender Tradition mit zeitgenössischen Themen und ist ein nützlicher Begleiter durch das ganze Jahr. Neben einem umfassenden Kalendarium enthält er viele, reich bebilderte landesbezogene und unterhaltsame Beiträge.

Antwort 82

B

Die 4000-Einwohner-Gemeinde Badenweiler liegt südwestlich von Freiburg im Markgräflerland und ist seit jeher ein Kurort. Gegründet haben ihn die Römer, und benannt haben sie ihn »Aquae Villae«, was soviel heißt wie »Villenansiedlung bei den Wassern« oder eben: Badenweiler. Im Jahr 75 n. Chr. bauten die Besatzer eine riesige Therme. Anno 1784 wurde sie wiederentdeckt und freigelegt; sie ist heute noch die größte und besterhaltene Ruine einer römischen Badeanlage nördlich der Alpen. Der berühmteste Kurgast war der russische Schriftsteller Anton Tschechow, der 1904 in Badenweiler starb und dem heute ein kleines Museum gewidmet ist. Tatsächlich kam auch sein deutscher Kollege Hermann Hesse zwischen 1909 und 1914 mehrfach zur Behandlung nach Badenweiler. Und 1935/36 war Jawaharlal Nehru, der Vorsitzende des Indischen Nationalkongresses und spätere erste Premierminister von Indien, fünf Monate zu Gast in Badenweiler. Begleitet wurde er von seiner Tochter Indira, später verheiratete Gandhi, die zwischen 1966 und 1984 für 15 Jahre indische Premierministerin war.

5 Punkte

83 Opern open air – und das in romantischer Kulisse – gibt's jedes Jahr in ...?

A ... Heidenheim an der Brenz.

B ... Waiblingen.

C ... Stutensee.

D ... Waldshut-Tiengen.

5 Punkte

84 Was verbindet man in Baden-Württemberg – und weit darüber hinaus – mit dem Wort »Mustang«?

A Eine Kirchentellinsfurter Hemdenmarke

B Einen Konstanzer Pferdemetzger

C Einen Künzelsauer Jeanshersteller

D Eine Karlsruher Senfmühle

Antwort 83

A

1969 wurde die erste kleine Oper in der Ruine des Rittersaals von Schloss Hellenstein über Heidenheim an der Brenz inszeniert: Mozarts »Bastien und Bastienne«. Mit Mozarts »Entführung aus dem Serail« begann 1977 die Aufführung von großen Opern: Die Opernfestspiele Heidenheim waren geboren. Unter der künstlerischen Leitung des aus Heidenheim stammenden Dirigenten Marcus Bosch werden mittlerweile eine große Oper und eine Kinderoper pro Sommer inszeniert, hinzu kommen klassische, Jazz- und Popkonzerte, musiktheaterpädagogische Veranstaltungen für Schülerinnen und Schüler, Gala-Abende und die originelle Opern-Kochshow »Helden am Herd«. Bei schlechtem Wetter finden die Vorstellungen im Festspielhaus statt, wie das örtliche »Congress Centrum« genannt wird.

Antwort 84

C

Der Jeanshersteller Mustang ist heute keiner mehr: 1999 wurde die Fertigung in Deutschland aufgegeben und seit 2007 werden Mustang-Jeans ausschließlich von Fremdfirmen in Fernost hergestellt. 1932 hatte Luise Hermann in Künzelsau mit sechs Näherinnen eine Manufaktur für Arbeitskleidung gegründet. Ihr Schwiegersohn Albert Sefranek konnte 1948 einen Auftrag über 300 blaue Arbeitshosen nach amerikanischem Vorbild an Land ziehen. In einer Bar in Frankfurt am Main tauschte er selbstgebrannten Schnaps gegen sechs Blue Jeans – wieder zurück in Hohenlohe trennte er sie auf und entwickelte daraus die Schnittmuster. So entstanden die ersten Jeans in Europa. 1953 kamen die ersten Damenjeans hinzu – unter dem schönen Namen »Girl's Campinghose«. 1955 brachte man die ersten Cordjeans in Europa auf den Markt, 1961 die erste Stretchjeans weltweit. 1958 wurde die Marke »Mustang« eingeführt, nach dem Wildpferd, das bei der Besiedelung des Wilden Westens eine große Rolle spielte. Im ehemaligen Wohnhaus der Firmengründerin in Künzelsau informiert ein Museum über die Jeans- und die Unternehmensgeschichte.

5 Punkte

85 Wie viele Kraftfahrzeuge waren am 31. Dezember 2010 in Baden-Württemberg angemeldet?

A 1 175 788

B 3 782 803

C 5 377 432

D 6 944 460

5 Punkte

86 Die Stadtbibliotheken und Ortsbüchereien in Baden-Württemberg halten mehr als 15 Millionen Bücher, CDs, DVDs und andere Medien für ihre Nutzer bereit. Wie viele Ausleihungen können sie im Jahr verbuchen?

A Etwas mehr als 600 000

B Etwas mehr als 6 Millionen

C Etwas mehr als 60 Millionen

D Etwas mehr als 600 Millionen

Antwort 85

D

Eine unglaubliche Zahl: 6 944 460 aktuell angemeldete Fahrzeuge mit amtlichem Kennzeichen registrierte das Kraftfahrt-Bundesamt am Jahresende 2010 für Baden-Württemberg – nicht mitgezählt die vorübergehend stillgelegten oder außer Betrieb gesetzten Autos, Lastwagen und Motorräder (und das sind in den Wintermonaten besonders viele!) und nicht mitgezählt die fabrikneuen Wagen bei Daimler und Porsche, Audi und Hymer, Unimog, John Deere und wie sie alle heißen, die noch auf Käufer warten. Anders gesagt: Von drei Baden-Württembergern nennen zwei ein Kfz ihr eigen. Wie sagte noch Gottlieb Daimler um 1900? »Es werden höchstens 5000 Fahrzeuge gebaut werden. Denn es gibt nicht mehr Chauffeure, um sie zu steuern.« Wie man sich doch täuschen kann ...

Antwort 86

C

Genau 60 101 003 Entleihungen nahmen die baden-württembergischen öffentlichen Bibliotheken in kommunaler Trägerschaft im Jahr 2010 vor – Tendenz steigend. Rechnerisch hat jeder Einwohner des Bundeslandes in diesem Jahr 5,6 Medieneinheiten ausgeliehen. Die 804 Bibliotheken dieser Kategorie verfügten über 15 871 990 »Medieneinheiten« – darunter versteht man Bücher, aber auch Spiele, Bild- und Tonträger, kurz: alles, was entleihbar ist. In keinem Verhältnis zu dem großen Interesse der Büchereinutzer steht der Ankaufsetat – er betrug nur rund 15,7 Millionen Euro, also 26 Cent pro Entleihung. Entsprechend alt und zerfleddert sehen die Bestände mancher Büchereien aus. Die von der Politik so oft beschworenen Investitionen in Bildung und Kultur scheinen hier jedenfalls nicht angekommen zu sein. Dabei ist erwiesen, dass ein vielfältiges und aktuelles Angebot an Medien zu einer höheren Nachfrage bei der Bibliotheksnutzung führt. Ergänzend zu den kommunalen Bibliotheken gibt es in Baden-Württemberg zwei Landesbibliotheken sowie eine große Zahl von wissenschaftlichen, Spezial- und Firmenbibliotheken.

5 Punkte

87 Jusi, Kaiserstuhl, Mägdeberg und Katzenbuckel – dabei handelt es sich um ...?

A ... geheimnisumwitterte Einrichtungsgegenstände auf Burg Hohenzollern.

B ... Landmarken an der Grenze zu Bayern.

C ... erloschene Vulkane.

D ... vier Erhebungen in Baden-Württemberg, deren Gipfel auf einer Höhe von mehr als tausend Meter über Normalnull liegen.

5 Punkte

88 Balingen (Zollernalbkreis) nennt sich »Deutschlands bedeutendste ...«?

A ... Genstadt.

B ... Waagenstadt.

C ... Volkswagenstadt.

D ... Volkswagenaktienstadt.

Antwort 87

C

Der Jusi (673 m) bei Kohlberg (Kreis Esslingen) ist der größte von insgesamt 355 Schloten des »Schwäbischen Vulkans« rund um Bad Urach. Der Kaiserstuhl (557 m) nordwestlich von Freiburg im Breisgau mit seinen verschiedenen Erhebungen ist ebenfalls vulkanischen Ursprungs. Der Mägdeberg (664 m) bei Mühlhausen-Ehingen (Kreis Konstanz) ist einer der sieben Hegauberge. Alle sieben sind erloschene Vulkane. Der Katzenbuckel (626 m) bei Waldbrunn (Neckar-Odenwald-Kreis), auch er ein alter Vulkankegel, ist der höchste Berg des Odenwalds.

Antwort 88

B

Mit den Firmen Bizerba sowie Kern & Sohn haben zwei der bedeutendsten Hersteller von Waagen aller Art ihren Sitz in Balingen. Bizerba, 1866 von Andreas Bizer in Balingen gegründet (daher auch der Firmenname), entwickelte 1924 die Neigungsschaltgewichtswaage, die das Wiegen ohne lose Gewichte erlaubte, und 1949 die Stückzählwaage für Kleinteile. Heute ist Bizerba Spezialist für Wäge-, Etikettier-, Informations- und Servicetechnik im Lebensmittelbereich und auf vielen Gebieten Marktführer. Kern & Sohn, 1844 von Gottlieb Kern gegründet, baut vor allem Industrie- und Laborwaagen sowie Prüfgewichte. Das »Museum für Waage und Gewicht« im Zollernschloss in Balingen informiert über die Geschichte des Wiegens und Waagenbaus von der Römerzeit bis zur Gegenwart. Zu sehen sind beispielsweise eine gigantische Heuwaage aus dem 18. Jahrhundert sowie eine Originalneigungswaage des Mechanikerpfarrers Philipp Matthäus Hahn. Dem ist zusätzlich in Albstadt-Onstmettingen, nur wenige Kilometer entfernt, ein eigenes Museum gewidmet.

5 Punkte

89 Vor dem Steilabfall der Schwäbischen Alb erheben sich zahlreiche Berge, die früher einmal Teil der Gebirgshochfläche waren. Wie nennt man sie?

A Gewährsgipfel

B Zeugenberge

C Beglaubigerkuppen

D Beobachterfelsen

5 Punkte

90 Was bewachte Perkeo?

A Das Große Fass im Heidelberger Schloss.

B Den Bergfried der Burg Windeck in Weinheim.

C Die Grotte im Schloss Bruchsal.

D Die Jupitergigantensäule im Mosbacher Stadtteil Diedesheim.

Antwort 89

B

Die Schwäbische Alb reichte vor Jahrmillionen einmal bis dahin, wo sich heute Stuttgart befindet. Doch das Kalkgestein wurde immer weiter abgetragen und ausgewaschen – ein Prozess, der auch heute noch andauert. Vor dem Steilabfall auf der Nordwestseite blieben, je nach Gesteinsschichtung, Berghalbinseln stehen. Durch die Erosion wurden sie im Lauf der Zeit vom eigentlichen Gebirge abgetrennt, wurden vom Bergvorsprung zum Sporn, danach zum Auslieger und schließlich zum freistehenden Zeugenberg, der durch seine Existenz bezeugt, dass das Mittelgebirge früher eine größere Ausdehnung hatte. Bekannte Zeugenberge sind beispielsweise der Ipf, die drei »Kaiserberge« Hohenstaufen, Stuifen und Rechberg, die Achalm, der Zoller oder der Lupfen. Einige, etwa der Floriansberg bei Metzingen oder der Georgenberg zwischen Reutlingen und Pfullingen, sind »Pseudo-Zeugenberge«, da sie vulkanischen Ursprungs sind.

Antwort 90

A

Das Große Fass ist weltberühmt. Ursprünglich wurde es 1589 bis 1592 errichtet und mit ihm ein ganzes Gebäude, der Fassbau des Heidelberger Schlosses im damals schon nostalgischen gotischen Baustil. Das Fass wurde im Dreißigjährigen Krieg zerstört. Die heutige Touristenattraktion ist bereits das vierte Fass an dieser Stelle. Es wurde 1751 fertiggestellt und kann etwa 220 000 Liter aufnehmen. Perkeo war der Spitzname eines kleinwüchsigen, sehr dicken und äußerst trinkfesten Südtirolers, den der spätere pfälzische Kurfürst Karl Philipp um 1716 in Innsbruck kennenlernte und als Hofzwerg und Kellermeister mit nach Heidelberg nahm. Er hieß eigentlich Clemens und benutzte sehr oft die italienische Redewendung »Perché no?« (sprich: perke no, deutsch: Warum nicht? – Na klar!), daher der Spitzname. Perkeo war ein Unikum, wurde von Joseph Victor von Scheffel mit einem Lied bedichtet und zur Symbolfigur der Heidelberger Fastnacht. Sein Standbild bewacht bis heute das Große Fass.

6 Punkte

91 In der Vereinigung Schwäbisch-Alemannischer Narrenzünfte haben sich 69 Narrenzünfte zusammengeschlossen. Sie gliedern sich in acht »Fastnachtslandschaften«, nämlich ...?

A ... Schuri, Schura, Schurum, Schelli, Schello, Schlagg, Schalba und Schnarregagges.

B ... Einschnellerei, Abstauberei, Schmotzigerei, Gumpigerei, Rußigerei, Schmalzigerei, Strählerei, Funkerei.

C ... Baar, Bodensee-Linzgau-Schweiz, Donau, Hegau, Hochrhein, Neckar-Alb, Oberschwaben-Allgäu und Schwarzwald.

D ... Hoorig, Hexen, Guggen, Hänsele, Gschelle, Bären, Glonker und Fleckle.

6 Punkte

92 Die längste freitragende Fußgänger- und Fahrradbrücke der Welt verbindet Weil am Rhein mit Hüningen. Wie heißt sie?

A Ländlerbrücke

B Geländerbrücke

C Zweiländerbrücke

D Dreiländerbrücke

Antwort 91

C

Die Vereinigung Schwäbisch-Alemannischer Narrenzünfte (VSAN) deckt als Dachverband traditioneller Narrenzünfte ein Gebiet zwischen Sachsenheim (Kreis Ludwigsburg) und Walenstadt im schweizerischen Kanton Sankt Gallen, zwischen Endingen am Kaiserstuhl und Kißlegg im Allgäu ab. In Bad Dürrheim (Schwarzwald-Baar-Kreis) betreibt sie den »Narrenschopf« als Museum, Archiv, Veranstaltungszentrum und Geschäftsstelle. 1964 hat der Journalist und Volkskundler Wilhelm Kutter in seiner Eigenschaft als Kulturreferent der VSAN das Gebiet der schwäbisch-alemannischen Fastnacht nach maskentypischen und regionalen Gesichtspunkten in die genannten acht Fastnachtslandschaften unterteilt.

Antwort 92

D

Dreiländerbrücke heißt sie, weil sie direkt am Dreiländereck steht, 200 Meter von der Schweizer Grenze, vom Basler Stadtteil Kleinhüningen entfernt. Seit dem Jahr 2007 verbindet der kühn geschwungene Steg die Hauptstraße in Weil am Rhein (Landkreis Lörrach) und die Rue de France in der elsässischen Stadt Hüningen (frz. Huningue, Département Haut-Rhin) miteinander. Diese Passerelle ist der südlichste Grenzübergang zwischen Deutschand und Frankreich. Entworfen hat sie der international renommierte, aus Österreich stammende Pariser Architekt Dietmar Feichtinger, dem dafür der Deutsche Brückenbaupreis und sechs weitere Auszeichnungen zuerkannt wurden. Die Gesamtlänge beträgt 346 Meter, die freie Spannweite 230 Meter. Der Architekt selbst sagt zu seinem Werk: »Den Rhein in einem Bogen zu überspannen hat einen hohen Symbolgehalt. Es handelt sich um eine eindeutige Geste, die in der weiten Landschaft des Flusses eine starke Verbindung zwischen den beiden Ländern symbolisiert. Der durch seinen geringen Stich extrem flache Bogen gibt der Form ihre große Spannung und Eleganz.«

6 Punkte

93 Wie groß ist Baden-Württemberg?

A 357,515 Quadratkilometer

B 3575,15 Quadratkilometer

C 35 751,5 Quadratkilometer

D 357 515 Quadratkilometer

6 Punkte

94 Wo liegt der geographische Mittelpunkt Baden-Württembergs?

A Im militärischen Teil des Flughafens Stuttgart.

B In der Pomologie in Reutlingen.

C Im Elysium in Tübingen.

D In der Pliensauvorstadt von Esslingen am Neckar.

Antwort 93

c

Hätte unser Bundesland die Form eines Quadrats, dann würde seine Kantenlänge knapp 190 Kilometer betragen. Denn die Fläche Baden-Württembergs hat im Jahr 2010, glaubt man dem Statistischen Landesamt, genau 35 751,48 Quadratkilometer betragen. Wenn man ehrlich ist, muss man allerdings zugeben: So exakt lässt sich die Ausdehnung gar nicht bestimmen. Denn im Bodensee zwischen Meersburg und Altnau, Friedrichshafen und Romanshorn, Langenargen und Rorschach, Lindau und Bregenz wurden nie Grenzen fixiert. Deutschland, Österreich und die Schweiz haben über den Grenzverlauf unterschiedliche Auffassungen. Das ist übrigens die einzige Region in Europa, in der nie die genaue Grenze zwischen drei Nationalstaaten festgelegt worden ist.

Antwort 94

c

48°32′15,9″ nördlicher Breite, 9°2′28,21″ östlicher Länge – das ist der Flächenschwerpunkt, also der geographische Mittelpunkt Baden-Württembergs. Er liegt in einem Gewann, das seit Jahrhunderten »Elysium« heißt wie die Insel der Seligen in der griechischen Mythologie. Vielleicht, weil man hier im Wald früher ungesehen baden konnte. Es handelt sich um einen Abschnitt des Käsenbachtals im Tübinger neuen Norden, zwischen »Wanne«, Ursrain und »Morgenstelle«, oder man könnte auch sagen: zwischen der Kunsthalle, den Unikliniken auf dem Berg und dem Neuen Botanischen Garten. 1952 wurde Baden-Württemberg gegründet, doch seinen Mittelpunkt berechnete das Landesvermessungsamt erst 1980 nach einer Anfrage des Süddeutschen Rundfunks. Bei den Landeskunstwochen 1986 wurde die Stelle mit einer drei Tonnen schweren Skulptur aus grauem fränkischem Muschelkalk gekennzeichnet. Sie stellt einen Kegel dar, der um 11,5 Grad geneigt ist – halb so stark wie die Erdachse. Der Entwurf stammt von Rolf Nill, dem damaligen Leiter des Tübinger Hochbauamts; die Kosten übernahmen Sponsoren.

6 Punkte

95 Die Tauber mündet ...?

A ... in die Jagst.

B ... in den Kocher.

C ... in den Neckar.

D ... in den Main.

6 Punkte

96 Die längste Sichtachse am Bodensee verbindet den Campingplatz See-Ende in Bodman-Ludwigshafen mit dem Seerestaurant Glashaus in Höchst (Vorarlberg) im Naturschutzgebiet Rheindelta. Unter welcher Voraussetzung sieht man tatsächlich von einem Punkt zum anderen?

A Es muss Föhn herrschen.

B Man benötigt ein astronomisches Fernrohr.

C In Meersburg darf keine Fähre einlaufen, da die Luftbewegungen die Sicht stören.

D Der Campingplatz und das Restaurant müssten jeweils um gut 60 Meter angehoben werden.

Antwort 95

D

Die Tauber entspringt auf der Hohenloher Ebene zwischen dem Wallhausener Ortsteil Michelbach an der Lücke und dem Weiler Weikersholz, der zu Rot am See gehört. Nach 131 Kilometern fließt sie in den Main. Bedeutende Orte an ihrem Lauf sind Rothenburg ob der Tauber, Creglingen, Weikersheim, Bad Mergentheim, Lauda-Königshofen, Tauberbischofsheim und an der Mündung Wertheim. An den Hängen wächst badischer, Württemberger und Franken-Wein und im Taubertal kann man auf dem uralten Jakobsweg pilgern. Bekannter ist der Radweg Liebliches Taubertal. Von Rothenburg führt er gut hundert Kilometer lang auf asphaltierter Strecke meist sanft abfallend nach Wertheim – ein Klassiker, der richtig Spaß macht.

Antwort 96

D

Gute Sicht und ein extremes Fernglas oder Teleobjektiv reichen nicht. Die Entfernung der genannten Punkte beträgt 56,63 Kilometer. Auf diese Distanz hat der Bodensee auf Grund der Erdkrümmung eine Aufwölbung von fast 63 Metern. Er bildet also in der Mitte gewissermaßen einen Hügel von 63 Metern Höhe. Will man darüber hinwegsehen, müssen beide Endpunkte entsprechend höher liegen oder einer der beiden um 251,7 Meter höher. Die Neigung des Bodensees hingegen spielt keine Rolle; man kann sich den Wasserstand vorstellen wie in einer Badewanne. Der Abfluss aus dem Obersee bei Konstanz erfolgt nicht, weil Konstanz niedriger liegt als der Rheinzufluss, sondern weil es hier eine Öffnung mit einem darauf folgenden niedrigeren Abflusskanal gibt. Die unterschiedlichen Höhenangaben auf Landkarten – Bregenz 427 m, Konstanz 405 m – rühren daher, dass sich in Österreich Höhenangaben auf den durchschnittlichen Pegel der Adria, in Deutschland auf Normalnull (das bedeutet ursprünglich den Wasserstand der Nordsee) beziehen.

6 Punkte

97 Was kennt man aus dem Filstal?

A Heiße Rote

B Laichende Lachse

C Wuchernde Karotten

D Süßen Kuchen

6 Punkte

98 Wo badet man nicht im Schwarzwald?

A Bad Rippoldsau-Schapbach

B Bad Königsbach-Stein

C Bad Teinach-Zavelstein

D Bad Peterstal-Griesbach

Antwort 97

D

In Orten wie Wiesensteig, Bad Ditzenbach, Geislingen an der Steige, Eislingen/Fils oder Göppingen gibt es sicher hervorragende Konditoreien und Cafés, deren Kuchen- und Tortenangebot das Herz aller Süßkramfreunde erfreut. Überregional bekannt sind jedoch nicht die zuckerigen Backwaren, sondern die Gemeinde Kuchen (5700 Einwohner) und die Stadt Süßen (10 200 Einwohner), die beide im Kreis Göppingen liegen. Kuchen wurde als »Kuochheim« im Jahr 1228, Süßen als »Siezun« 1071 erstmals urkundlich erwähnt. Beide Ortsnamen haben mit süßem Gebäck nichts zu tun.

Antwort 98

B

Königsbach-Stein ist kein Bad und liegt auch nicht im Schwarzwald, sondern im Kraichgau, im Dreieck zwischen Karlsruhe, Pforzheim und Bretten. Die anderen drei Orte hingegen laden zum Baden. Bad Rippoldsau-Schapbach (Kreis Freudenstadt) liegt im Wolftal am südlichen Fuß des Kniebis. Es ist das höchstgelegene anerkannte Mineral- und Moorheilbad im Schwarzwald. Die Kuranlagen befinden sich zum Teil in der Schwarzwaldklinik – nicht zu verwechseln mit der Heilanstalt aus der gleichnamigen Uralt-Fernsehserie mit Klausjürgen Wussow. Bad Teinach-Zavelstein (Landkreis Calw) rühmt sich, das kleinste Heilbad Baden-Württembergs zu sein, zumindest bezogen auf die Einwohnerzahl von Bad Teinach: 500. Die Mineralbrunnen Überkingen-Teinach AG fördert hier das bekannte Heilwasser »Hirschquelle«. Bad Peterstal-Griesbach liegt im oberen Renchtal im Ortenaukreis. Hier badet man in der Sankt-Anna-Therme, lässt sich in der »MediClin Schlüsselbad Klinik« versorgen und trinkt die örtlichen Marken: Peterstaler Mineralquellen, Freyersbacher Schwarzwaldquellen oder ganz einfach den Schwarzwald-Sprudel.

6 Punkte

99 Mit »Kirschblüten – Hanami« hat die Filmemacherin Doris Dörrie die japanische Tradition des Blüten-Betrachtens in Deutschland bekannt gemacht. Wo kann man ihr hierzuland nachgehen?

A Auf der Langenwaldschanze bei Schonach im Schwarzwald.

B Zu Füßen des Aalbäumle auf dem Langert bei Aalen (Ostalbkreis).

C Im Schwetzinger Schlossgarten.

D Auf dem Stuttgarter Fernsehturm.

6 Punkte

100 Der Feldberg mit seinen Nebengipfeln Seebuck und Baldenweger Buck ist der höchste Berg Baden-Württembergs. Und der zweithöchste?

A Der Schauinsland

B Der Schwarze Grat

C Der Belchen

D Das Herzogenhorn

Antwort 99

C

Die Schwarzwälder Skisprungschanze, der Aussichtsturm Aalbäumle und der Stuttgarter Fernsehturm bieten phantastische Ausblicke. Das Besondere am Hanami (Japanisch für »Blüten erspüren«) ist aber, einzutauchen in die Blütenfülle japanischer Zierkirschen, sich unter den Bäumen niederzulassen und den Frühling zu feiern. Die Japankirsche (Prunus serrulata) trägt unscheinbare, kleine, ungenießbare Früchte; sie blüht üppig, jedoch nur ein bis zwei Wochen lang im April. Dann fallen die Blütenblätter ab, färben den Boden rosa. Im Schwetzinger Schlossgarten findet man die weltgrößte Anlage mit Japanischen Kirschen außerhalb Japans. Die Hauptachse führt genau auf die Rote Moschee zu. Ein »Blühbarometer« auf www.schloss-schwetzingen.de zeigt um Ostern täglich mit einem aktuellen Foto den Stand der Blüte an. Für die Japaner symbolisiert die Kirsche Schönheit und Vergänglichkeit, die Blüte Reinheit und Einfachheit.

Antwort 100

D

Der Feldberg (1493 m) mit dem Seebuck (1448 m) rund zwei Kilometer südöstlich und dem Baldenweger Buck (1460 m) ein paar hundert Meter nordöstlich vom Hauptgipfel ist unbestritten die höchste Erhebung Baden-Württembergs. An zweiter Stelle folgt das Herzogenhorn mit 1415 m. Nur gut vier Kilometer Luftlinie trennen es vom Feldberg, dazwischen liegt allerdings ein Taleinschnitt, der am höchsten Punkt nur 1231 m ü. NN erreicht. Nur einen Meter niedriger als das Herzogenhorn ist der Belchen (1414 m), 20 Kilometer südlich von Freiburg. Der Schwarze Grat, ein Teil der Adelegg im Allgäuer Alpenvorland, war mit 1118 m ü. NN die höchste Erhebung Württembergs – überragt freilich von einer ganzen Handvoll Berge im badischen Schwarzwald, etwa dem Schauinsland, Hochkopf, Kandel, Hochfirst, Blauen, der Hornisgrinde und dem Rohrhardsberg. Die Erhebungen anderer Mittelgebirge sind alle deutlich niedriger – der höchste Berg der Schwäbischen Alb, der Lemberg, bringt es auf 1015 m, der Hohenhewen als höchster Vulkan des Hegaus misst 846 m, der Katzenbuckel im badischen Odenwald 626 m.

6 Punkte

101 Wo steht das älteste Automobilwerk der Welt?

A In Stuttgart-Bad Cannstatt und -Untertürkheim

B In Mannheim

C In Gaggenau

D In Sindelfingen

6 Punkte

102 Welches Firmenmuseum rund ums Design existiert nicht?

A Vitra Design Museum, Weil am Rhein

B Knorr Museum für Lebensmitteldesign, Heilbronn

C Duravit Design Center, Hornberg

D Hansgrohe Museum für Wasser, Bad und Design, Schiltach

Antwort 101

C

Im Jahr 1886 haben die Ingenieure Gottlieb Daimler und Carl Benz, die sich niemals persönlich getroffen haben, in Cannstatt bei Stuttgart und Mannheim zeitgleich das Auto erfunden. Doch es dauerte einige Jahre, bis die Wagen ihre Kinderkrankheiten verloren und es wirklich einen Markt für Autos gab. 1894 wurde das bereits seit dem Jahr 1700 bestehende Hammerwerk an der Murg in Gaggenau in die Firma Bergmanns Industriewerke GmbH umgewandelt, die zunächst ab 1895 das Fünf-PS-Automobil »Orient Express« baute. Sie ist damit das älteste Automobilwerk der Welt. 1905 firmierte das Unternehmen in »Süddeutsche Automobilfabrik GmbH« um, zwei Jahre darauf hat Benz es übernommen. 1951 bis 2002 wurden im Mercedes-Benz-Werk Gaggenau Unimogs gebaut, eine Art Verbindung aus Kleinlaster und Geländewagen. Heute dient das Werk Teilbereichen der Produktion, etwa der Umform- und Zerspanungstechnik und der Getriebeproduktion.

Antwort 102

B

Der Lebensmittelhersteller Knorr, bekannt durch »Knorr Fix«, Päckchensuppen und Fertiggerichte, gehört heute zum weltumspannenden Unilever-Konzern. 1838 gründete Carl Heinrich Knorr in Heilbronn sein »Specerei-Waarengeschäft«; groß wurde der Betrieb im Kaiserreich durch Lebensmitteldesign: Hier wurde nämlich die Erbswurst erfunden. Ein Museum für Lebensmitteldesign wäre sicher interessant – allein: Das gibt es nicht, zumindest nicht in Heilbronn. Sehenswert sind jedoch die Stühle im Vitra Design Museum (und das dekonstruktivistische Museumsgebäude des amerikanischen Stararchitekten Frank O. Gehry), die Produktschau rund ums Bad-Design und die Einblicke in die Produktion bei Duravit in Hornberg im Schwarzwald (samt einem begehbaren Riesen-WC des französischen Stardesigners Philippe Starck) sowie die Schauen zur europäischen Badekultur seit dem Mittelalter, zur Entwicklung des Sanitärhandwerks und zur Geschichte der Wasserversorgung bei Hansgrohe in Schiltach, nur wenige Kilometer von Hornberg entfernt.

103 Welche Grenze kommt aus Bayern, von den Allgäuer Alpen, durchschneidet Oberschwaben bis fast zum Federsee, dann den Hegau, greift in den Schwarzwald ein, zieht sich die Schwäbische Alb entlang mit einem Umweg durch den Schwäbisch-Fränkischen Wald und führt zur Frankenhöhe, wo sie wieder in Bayern verschwindet?

A Die Europäische Hauptwasserscheide.

B Die Mundartgrenze Schwäbisch/Alemannisch.

C Die Trachtengrenze (farbige Trachten/rein schwarze Trachten).

D Die Erdmagnetismuslinie.

6 Punkte

104 Welche Drogeriemarktkette hat ihren Hauptsitz nicht in Baden-Württemberg?

A Schlecker

B dm

C Rossmann

D Müller

Antwort 103

A

Mit dem Begriff »Wasserscheide« bezeichnet man die Grenze zwischen den Einzugsgebieten zweier Fließgewässer; »Hauptwasserscheide« bezieht sich auf die großen Flusssysteme. Die Europäische Hauptwasserscheide trennt die Flüsse, die zum Mittelmeer und zum Schwarzen Meer einerseits und zum Atlantik, zur Nord- und Ostsee andererseits entwässern. In Baden-Württemberg ist dies die Trennlinie zwischen dem Rhein, der zur Nordsee fließt, und der Donau, die ins Schwarze Meer mündet, jeweils mit ihren Nebenflüssen. Eine Ausnahmeerscheinung stellt dabei die Donauversinkung bei Immendingen und Fridingen (Kreis Tuttlingen) dar. Die Donau versickert hier im karstigen Untergrund – manchmal nur zum Teil, an etwa jedem zweiten Tag jedoch vollständig – und tritt zwölf Kilometer südlich im Aachtopf wieder zutage, fließt jetzt aber dem Bodensee und damit letztlich der Nordsee zu.

Antwort 104

C

1972 eröffnete der 25-jährige Drogist Dirk Roßmann in Hannover den ersten Drogeriemarkt Deutschlands. Heute betreibt seine Firma mit Hauptsitz in Burgwedel (Niedersachsen) 2400 Filialen in sechs Ländern; der Jahresumsatz beträgt 4,6 Milliarden Euro. – Die Firma Anton Schlecker ist die größte Drogeriemarktkette der Welt. Hauptsitz: Ehingen (Donau). Aus der väterlichen Metzgerei-Filialkette heraus gründete Anton Schlecker zunächst fünf Selbstbedienungs-Warenhäuser und 1975, im Alter von 31 Jahren, seinen ersten Drogeriemarkt. Heute umfasst der Konzern 14 000 Schlecker- und »Ihr Platz«-Filialen in zehn europäischen Ländern und erwirtschaftet 6,5 Milliarden Euro Umsatz. Die dm drogerie markt GmbH & Co. KG mit Hauptsitz in Karlsruhe wurde 1973 von dem Drogisten Götz Werner gegründet. Das Unternehmen betreibt 2400 Filialen in elf europäischen Ländern, die 5,6 Milliarden Euro Umsatz machen. Der Friseur Erwin Müller gründete 1953 sein erstes Frisörgeschäft und 1973 seinen ersten reinen Drogeriemarkt. Hauptsitz: Ulm. Mit 607 Filialen in sieben europäischen Ländern werden 2 Milliarden Euro umgesetzt.

7 Punkte

105 Wie heißt die höchste Erhebung des Kraichgaus?

A Krugshügel

B Becherhöhe

C Seidelmassiv

D Steinsberg

7 Punkte

106 Ihr Gebiet sei ein »Weinparadies«, behaupten die Winzer aus der Ortenau. Und wie nennen sie den Riesling, den sie hier so gern anbauen?

A Klingelberger

B Muskateller

C Gelbplempe

D Moselschatz

Antwort 105

D

Der Kraichgau ist eine fruchtbare Gegend im nordwestlichen Baden-Württemberg, die von den Städten Karlsruhe, Bruchsal, Wiesloch, Mosbach, Heilbronn, Eppingen, Mühlacker und Pforzheim begrenzt wird. Ihr höchster Punkt liegt vier Kilometer südlich von Sinsheim im Stadtteil Weiler. Es ist der von Reben und Obstbäumen umgebene Steinsberg (333 m), ein erloschener Vulkan, der eine Burgruine trägt. Der Herrensitz Steinsberg wurde im 13. Jahrhundert anstelle einer baufälligen Vorgängerburg errichtet, die im Lied »Minnesängers Frühling« des Sangspruchdichters Spervogel (um 1180) Erwähnung fand. Besonders markant und von weitem zu sehen ist der 30 Meter hohe, achteckige Bergfried. Von seiner Spitze hat man einen überwältigenden Ausblick über die liebliche Kraichgaulandschaft.

Antwort 106

A

Die Ortenau ist das bundesweit wie international meistprämierte Weinanbaugebiet Deutschlands. Eine der Grundlagen zu diesem Erfolg war die Bestockung von drei herrschaftlichen Weinbergen mit importierten Riesling-Reben im Jahr 1782 und der anschließende sortenreine Ausbau – damals eine Novität in Baden. Einer dieser drei Weinberge war der Klingelberg unterhalb von Schloss Staufenberg bei Durbach. Der Wein kam sehr gut an, und bald wurden Setzlinge vom »Klingelberger« an viele Weingüter verkauft, die danach manchmal ihre Lagen in »Klingelberg« umbenannten. Der originale Klingelberg, oberster Teil der Einzellage Durbacher Schlossberg, ist nach Süden ausgerichtet und weist bei mehr als 400 Metern Höhe vorwiegend Granitboden auf. Die Lage gehört heute zum Weingut Schloss Staufenberg, einem Teil der Markgräflich Badischen Weingüter. Bernhard Prinz von Baden baut hier noch immer auf 2,5 Hektar Fläche mineralischen, rassig-fruchtigen Riesling an.

7 Punkte

107 Welche Antwort passt nicht in die Reihe?

A Staatsgalerie Stuttgart – Kunsthalle Göppingen – Städtisches Kunstmuseum Spendhaus, Reutlingen

B Schauwerk Sindelfingen – Museum Ritter, Waldenbuch – Kunsthalle Würth, Schwäbisch Hall

C Museum Frieder Burda, Baden-Baden – Museum Würth, Künzelsau – Kunsthalle Weishaupt, Ulm

D Villa Haiss Museum, Zell am Harmersbach – Sammlung Grässlin, Sankt Georgen im Schwarzwald – Sammlung Hurrle, Museum für aktuelle Kunst, Durbach

7 Punkte

108 Von wo aus kann man mit einem Blick den Mont Saint-Michel, Big Ben und die Freiheitsstatue erfassen?

A Von der Spitze des Feldbergs.

B Von der oberen Besucherplattform des Stuttgarter Fernsehturms.

C Von einem bestimmten Punkt in Meckenbeuren-Liebenau aus.

D Beim Anflug aus östlicher Richtung auf den Flughafen Karlsruhe/Baden-Baden.

Antwort 107

A

All diese zwölf Kunstmuseen gibt es, alle liegen in Baden-Württemberg und alle sind sehenswert. Bei Antwort A handelt es sich um drei Museen in öffentlicher Trägerschaft: Die Staatsgalerie wird, wie der Name schon sagt, vom Land betrieben, die Kunsthalle Göppingen und das Spendhaus Reutlingen von den Städten. Und das ist schon der Unterschied, denn bei den neun Museen der Antworten B, C und D handelt es sich um private Sammlermuseen, die einzigartige Kunstschätze aus dem privaten Besitz der Betreiber der Öffentlichkeit zugänglich machen. Das ist wahres Mäzenatentum.

Antwort 108

C

1998 wurde im Ortsteil Liebenau der Gemeinde Meckenbeuren (Bodenseekreis) auf 25 Hektar der Freizeitpark »Ravensburger Spieleland« eröffnet, und 2005 kam unmittelbar angrenzend auf fünf Hektar der Park »Mini Mundus Bodensee« hinzu. Gezeigt werden in neun Themenbereichen 80 bemerkenswerte Gebäude, Verkehrsmittel und Sehenswürdigkeiten aus der ganzen Welt – im Maßstab 1 : 25. Das Modell der Londoner Tower Bridge ist 8 Meter breit, das des Dubaier Hotels Burj al Arab 12,8 Meter hoch. Die Sphinx von Gizeh und die kambodschanische Tempelanlage Angkor Wat sind ebenso vertreten wie die sinkende »Titanic« oder die Gefängnisinsel Alcatraz. Alle Modelle sind sehr detailgenau und oft aus den originalen Materialien gefertigt. Im Durchschnitt hat jedes Mini-Wahrzeichen knapp 100 000 Euro gekostet, einzelne haben bis zu zwei Jahren Bauzeit verschlungen. Mini Mundus Bodensee ist aus der Modellschau »Minimundus« in Klagenfurth am Wörthersee heraus entstanden und gehört seit 2007 der Bank für Tirol und Vorarlberg (BTV). Die Besucherzahl wird nicht publiziert; man schätzt sie auf 100 000 im Jahr.

7 Punkte

109 Die Zwiefalter Ach entspringt ...?

A ... in einer Höhle, die man vom Boot aus besichtigen kann.

B ... auf dem Gelände der Zwiefalter Klosterbrauerei.

C ... dreimal, denn sie versickert zweimal in den Untergrund.

D ... gar nicht, denn sie kommt durch den Zusammenfluss von Brigach und Breg zustande.

7 Punkte

110 Wer ist Wolfgang Grenke?

A Ein ehemaliger baden-württembergischer Ministerpräsident.

B Ein Baden-Badener Unternehmer und Mäzen.

C Ein Schlagersänger aus Isny, der unter dem Künstlernamen »Allgäu-Wolferl« auftritt.

D Ein weltbekannter Philosoph aus Meßkirch.

Antwort 109

A

Die Wimsener Höhle zwischen Zwiefalten und Hayingen auf der Schwäbischen Alb ist die einzige Schauhöhle Deutschlands, die mit dem Boot befahren werden kann. Auf einem Holznachen haben höchstens zwölf Personen Platz. Man fährt etwa 70 Meter weit in die Höhle hinein, dann senkt sich die Höhlendecke unter die Wasseroberfläche. Der weitere Verlauf ist nur erfahrenen Höhlentauchern zugänglich. Erforscht ist die Höhle auf einer Länge von 750 Metern. Die Wasser- und Lufttemperatur beträgt das ganze Jahr über sieben bis acht Grad Celsius. Die Quellschüttung der Zwiefalter Ach, die hier entspringt, beträgt zwischen 60 und 2800 Liter pro Sekunde, im Durchschnitt 590 Liter. Das Einzugsgebiet der Quelle beträgt etwa 100 Quadratkilometer.

Antwort 110

B

*Wolfgang Grenke (*1951 in Baden-Baden) gründete 1978 die Firma Grenkeleasing, die er im Jahr 2000 an die Börse brachte. Die Gruppe hat gegenwärtig 250 000 Leasingverträge über IT-Geräte wie Notebooks oder Server abgeschlossen. 2004 gründeten Wolfgang Grenke und seine Frau Anneliese eine Stiftung, die den Schach- und Galopprennsport ebenso fördert wie Projekte in den Bereichen Jugend und Bildung, Jugendförderung und Suchtprävention sowie Kunst, Architektur und Denkmalschutz. Das größte Vorhaben verwirklichte Grenke 2009 mit dem Kulturhaus LA8, benannt nach der Adresse: Lichtentaler Allee 8 in Baden-Baden. Er ließ das Palais aus dem Jahr 1820 sanieren und ergänzte es durch einen Neubau. Hier stehen Räume für Konzerte, Vorträge und Tagungen zur Verfügung und das neu gegründete »Museum für Kunst und Technik des 19. Jahrhunderts« zeigt wechselnde Themenschauen. Das Ehepaar Grenke förderte außerdem mit einem Millionenbetrag das Festspielhaus Baden-Baden. Insgesamt haben Grenkes ungefähr 20 Millionen Euro ihres Privatvermögens gestiftet und gespendet.*

7 Punkte

111 Welchem Tier huldigt ein Museum ausgerechnet im alten Schlachthof von Stuttgart?

A Der Kuh

B Dem Lamm

C Dem Schwein

D Dem Hund

7 Punkte

112 Sie wollen Ihre Vergangenheit entsorgen und Ihre Tagebücher wegwerfen? Nein! Schicken Sie sie lieber nach ...

A ... Marbach am Neckar!

B ... Freiburg im Breisgau!

C ... Ludwigsburg!

D ... Emmendingen!

Antwort 111

C

Seit dem Jahr 2010 residiert das größte Schweinemuseum der Welt im ersten und zweiten Stockwerk des alten Schlachthofs in Stuttgart. Mehr als 41 000 Exponate rund um die Sau sind hier auf 600 Quadratmetern zu sehen – eine kuriose Mischung aus Kunst, Kultur und Kitsch. Die Stuttgarter Gastwirtin Erika Wilhelmer hat ihr Privatmuseum 1988 in Bad Wimpfen gegründet. Am neuen Ort zeigt sie in ihrer einzigartigen Schau 25 Themenräume zur Wildschweinjagd und zu Schweinerassen, zur weltweiten Verbreitung von Schweinen wie zu Sagen und Mythen, die sich um das Borstentier ranken. Und es gibt saumäßig viele Glücksschweine und Sparschweine, Kunstschweine und Kuschelschweine.

Antwort 112

D

Das Deutsche Tagebucharchiv in Emmendingen sammelt Selbstzeugnisse aus ganz Deutschland. Die einzigartige Institution, 1998 gegründet und von einem privaten Verein getragen, verfügt über rund 9000 Tagebücher, Manuskripte mit Erinnerungen und Sammlungen von Briefen. Dabei handelt es sich nicht um Selbstzeugnisse von Prominenten, sondern von Menschen wie du und ich – für Historiker, Germanisten, Psychologen, Volkskundler, Kulturwissenschaftler und Soziologen hervorragende Quellen zur Erforschung des deutschen Alltags der letzten 200 Jahre. Die Tagebücher werden kopiert, gelesen und Wissenschaftlern zur Einsichtnahme bereitgehalten. Stichworte zum Inhalt und zu erwähnten Orten werden in einer Datenbank festgehalten. – In Marbach befindet sich das Deutsche Literaturarchiv, in Freiburg das Militärarchiv des Bundesarchives (das freilich auch Selbstzeugnisse von Militärangehörigen sammelt) und in Ludwigsburg das ebenfalls dem Bundesarchiv angegliederte Archiv der Zentralen Stelle der Landesjustizverwaltungen zur Aufklärung nationalsozialistischer Verbrechen.

7 Punkte

113 Südlich vom Schwarzwald, zwischen Wiesental und Hochrhein, erstreckt sich ein Gebirgszug namens Dinkelberg. Wie heißt seine höchste Erhebung?

A Scharfe Gref

B Weiße Pfaz

C Hohe Flum

D Bloße Stob

7 Punkte

114 In welcher baden-württembergischen Stadt sitzt die größte deutsche Bausparkasse?

A Ludwigsburg

B Schwäbisch Hall

C Wüstenrot

D Karlsruhe

Antwort 113

C

Zwischen Lörrach und Wehr, Schopfheim und Rheinfelden erhebt sich der Höhenzug »Dinkelberg«. Im Norden wird er vom Tal des Flüsschens Wiese, im Süden vom Hochrhein und im Osten von der Wehra begrenzt. Sein westlichster Ausläufer reicht in die Schweiz und zählt zur Stadt Basel. Geologisch besteht der Dinkelberg hauptsächlich aus Muschelkalk, damit unterscheidet er sich grundlegend vom Schwarzwald. Zwischen dem Schopfheimer Stadtteil Wiechs und dem Rheinfeldener Stadtteil Nordschwaben findet man die höchste Erhebung des Dinkelbergs, die Hohe Flum (536 m). Der 14 Meter hohe Aussichtsturm wurde 1830 bis 1874 vom damals selbständigen Dorf Wiechs erbaut und wird vom Schwarzwaldverein instand gehalten. Von ihm hat man an klaren Tagen einen bezaubernden Drei-Länder-Panoramablick in den Schwarzwald, die Vogesen, auf den Basler Hausberg St. Chrischona, in den Schweizer Jura und die Alpen des Berner Oberlands.

Antwort 114

B

Die Bausparkasse Schwäbisch Hall AG gehört den Volks- und Raiffeisenbanken. Mit einer Bausparsumme von 276,24 Milliarden Euro ist sie die größte deutsche Bausparkasse. Über zehn Millionen Kunden vertrauen dem Geldinstitut ihr Erspartes an. Als »Deutscher Bausparer AG« wurde es 1931 keineswegs von spar- und häuslesbauwütigen Schwaben, sondern von Handwerkern in Köln gegründet. Als ihr Haus 1944 bei einem Bombenangriff zerstört wurde, verlegte die damals noch sehr kleine Bausparkasse ihren Sitz nach Schwäbisch Hall. Seit 1956 heißt sie auch nach der Hohenloher Metropole. Im gleichen Jahr wurde das bis heute verwendete Logo mit den vier Ziegelsteinen entwickelt. Der Slogan »Auf diese Steine können Sie bauen« stammt von 1962, der schlaue Bausparfuchs von 1975. Mittlerweile ist Schwäbisch Hall in zahlreichen europäischen Ländern und in China vertreten. – Die Wüstenrot Bausparkasse hat heute ihren Sitz in Ludwigsburg. In der Gemeinde Wüstenrot (Landkreis Heilbronn) erinnern ein Bauspar-Museum und ein bauspargeschichtlicher Rundweg an die Historie.

8 Punkte

115 Im Gebiet des heutigen Baden-Württemberg wurde das Auto erfunden. In welcher Stadt werden keine Personenkraftwagen produziert?

A Rastatt

B Sindelfingen

C Neckarsulm

D Schwäbisch Hall

8 Punkte

116 14 Besucherbergwerke gibt es in Baden-Württemberg, aber nur eines, in dem früher Eisenvitriol abgebaut wurde, und zwar in oder bei ...?

A ... Brülltenhausen.

B ... Kreischtingen.

C ... Schriesheim.

D ... Riefstadt.

Antwort 115

D

In Rastatt stellt Mercedes-Benz mit 5700 Mitarbeitern auf 147 Hektar Fläche jährlich 252 000 Pkw der A- und B-Klasse her. Das Werk wurde 1992 errichtet. In Sindelfingen, dem größten Daimler-Werk, fertigen 28 800 Mitarbeiter auf 290 Hektar großem Werksgelände pro Jahr 400 000 edle Mercedes-Benz-Limousinen der S-, E-, C-, CL- und CLS-Klasse und der Marke Maybach. Das Werk wurde 1915 gleichzeitig mit dem Flugplatz Stuttgart-Böblingen als Fabrik für Flugmotoren und Flugzeuge gegründet. In Neckarsulm produzieren die Volkswagen-Töchter Audi und Quattro mit 13 400 Mitarbeitern auf 100 Hektar Fläche jährlich 280 000 Pkw der Modelle A4, A6, A8, S6, S8, RS4, RS6, R8 und A6 allroad. Außerdem werden hier gepanzerte Fahrzeuge gebaut. Das Werk ist aus der Neckarsulmer Strickmaschinenfabrik entstanden, die unter dem Markennamen NSU ab 1886 Fahrräder und später Motorräder, Motorroller und Autos herstellte.

Antwort 116

C

»Grube Anna-Elisabeth« heißt das Schaubergwerk in Schriesheim. 1473, also vor weit über 500 Jahren, wurde die Mine zum ersten Mal urkundlich erwähnt. Damals wurde hier Silber abgebaut. 1545 schloss man die Zeche. 1701 wurde der Abbaubetrieb wieder aufgenommen, vor allem, um Eisenvitriol zu gewinnen. 1817 war der Bergbaubetrieb so verschuldet, dass die Grube geschlossen und vom badischen Staat in einer Lotterie als Hauptpreis eingesetzt wurde. Allerdings dauerte es zwölf Jahre, bis die Lose ausgespielt wurden; wer das Bergwerk gewann, ist nicht überliefert. Vitriol wird in der chemischen Industrie benötigt, insbesondere bei der Herstellung von Farbstoffen und Holzschutzmitteln. Schriesheim (Rhein-Neckar-Kreis) liegt an der Bergstraße unmittelbar nördlich von Heidelberg. In der reizvollen, vom Weinbau geprägten Stadt wurden an anderen Stellen auch Porphyr, Schwerspat, Epidot, Granat und Scheelit abgebaut. Ein Gestein (geologisch: ein pyroxenführender Olivinhornblendit) kommt weltweit nur hier vor und heißt deshalb »Schriesheimit«.

8 Punkte

117 »Die wilden Tiere haben zu verschwinden!« – Welchen Zoo traf diese Anordnung des zuständigen Ministeriums?

A Das Sea Life in Konstanz.

B Den Tiergarten Heidelberg.

C Die Wilhelma in Stuttgart.

D Den Zoo Karlsruhe.

8 Punkte

118 In dem badischen Weinort Neckarmühlbach befindet sich die Deutsche Greifenwarte. Was tut sie?

A Sie beschäftigt sich mit Greifvögeln.

B Es handelt sich um eine Spezialklinik zur Therapie von Fingermuskelerkrankungen.

C Sie erforscht die verschiedenen Ausprägungen des Wappentiers und Fabelwesens Greif.

D Sie pflegt den Nachlass des Schriftstellers Andreas Greif, bekannt unter seinem latinisierten Namen Andreas Gryphius.

Antwort 117

C

Die 1837 bis 1864 für König Wilhelm I. von Württemberg im maurischen Stil errichtete Wilhelma war ein privater Park des Monarchen. Erst 1919 bekam das Volk Zutritt; die Wilhelma wurde zum Botanischen Garten umgestaltet. Um die Attraktivität zu steigern, richtete sie ab 1951 feste Tierschauen ein, etwa von »afrikanischen Steppentieren«. Die Besucher strömten in Scharen, das Finanzministerium allerdings, das in Baden-Württemberg bis heute für staatliche Schlösser und Gärten zuständig ist, ordnete an: »Die wilden Tiere haben zu verschwinden!« Wilhelma-Direktor Albert Schöchle ließ sich jedoch einen Trick einfallen: Er bestellte die Presse ins Ministerium und bat Finanzminister Karl Frank, ein Löwen-Baby zu taufen. Welcher Politiker würde da Nein sagen? Die Tiere durften bleiben. Heute ist die Wilhelma der einzige zoologisch-botanische Garten Deutschlands. Sie verzeichnet jährlich zwei Millionen Besucher.

Antwort 118

A

Seit 1449 leben die Herren von Gemmingen auf der Burg Guttenberg hoch über Neckarmühlbach, einem Ortsteil von Haßmersheim (Neckar-Odenwald-Kreis). Seit 1971 hat hier die Deutsche Greifenwarte ihren Sitz, die der Tierfotograf, Ornithologe und Naturschutzwart Claus Fentzloff 1961 als Burgfalknerei Hohenbeilstein im gleichnamigen Herrensitz über Beilstein (Landkreis Heilbronn) gegründet hatte. Die Deutsche Greifenwarte ist die älteste private Zucht- und Forschungsstation für Greifvögel in Europa. Sie ist einerseits Pflege-, Auffang- und Auswilderungsstation für in Not geratene Greifvögel und Eulen. Andererseits ist sie eine Zuchtstation, in der bereits 36 Greifvogel- und Eulenarten vermehrt wurden, darunter 90 Adler und 25 Geier. Die Tiere werden Naturschutzprojekten gestiftet. Zum Dritten will die Greifenwarte Besucher mit der Schönheit und den Eigenheiten von Greifvögeln bekanntmachen. Im Burgzwinger sind Volieren für etwa 120 Tiere aufgestellt; im Sommerhalbjahr finden zweimal täglich Flugvorführungen statt. Die Anlage wird von Bernolph von Gemmingen betrieben und ist rein privat finanziert.

8 Punkte

119 Welches Messegelände ist mit kleineren Flugzeugen nur unkomfortabel zu erreichen?

A Messe Freiburg

B Messe Friedrichshafen

C Messe Karlsruhe

D Messe Stuttgart

8 Punkte

120 »Dreispartenhaus« nennt man ein Theater mit eigenen Ensembles in den Bereichen Schauspiel, Musik (Oper) und Tanz (Ballett). Manchmal treten weitere Sparten mit eigenen Organisationen hinzu, etwa Kinder- und Jugendtheater oder Konzertante Musik. Welche Antwort beinhaltet eine Stadt, die kein solches Mehrspartenhaus unterhält?

A Stuttgart und Karlsruhe

B Mannheim und Heidelberg

C Baden-Baden und Pforzheim

D Freiburg im Breisgau und Ulm

Antwort 119

c

Die Messe Freiburg liegt neben einem Flugplatz, der für kleinere Motorflugzeuge, Segler und Hubschrauber zugelassen ist. Der Linienverkehr wird allerdings über den »EuroAirport Basel Mulhouse Freiburg« abgewickelt, der 53 Kilometer (Luftlinie) entfernt ist. Die Messe Friedrichshafen befindet sich unmittelbar neben dem Verkehrsflughafen »Bodensee-Airport«. Die Messe Stuttgart grenzt an den internationalen Flughafen, der pro Jahr 9 Millionen Passagiere zählt. Die Messe Karlsruhe allerdings ist mit kleinem Fluggerät nicht so gut erreichbar. Sie liegt in Rheinstetten-Forchheim neben der B 36. Der Flugplatz Linkenheim ist 19 km, der Flugplatz Bruchsal 23 km und der Flughafen Karlsruhe/Baden-Baden in Rheinmünster-Söllingen 29 km Luftlinie entfernt. Linkenheim und Bruchsal sind nur für Motorsegler und Segelflugzeuge zugelassen, während der auch als »Baden-Airport« bekannte Regionalflughafen südlich von Rastatt Linien- und Charterflüge mit 1,1 Millionen Passagieren pro Jahr verzeichnet.

Antwort 120

c

Die Staatstheater in Stuttgart und Karlsruhe, das Nationaltheater Mannheim und die städtischen Theater in Heidelberg, Pforzheim, Freiburg und Ulm unterhalten jeweils mindestens drei Sparten. Mannheim nennt das größte städtische Dreispartenhaus Deutschlands sein eigen, und Stuttgart verfügt sogar über das größte Dreispartentheater der Welt. Das behauptet nicht irgendwer, sondern der Träger des Theaters, das Ministerium für Wissenschaft, Forschung und Kunst Baden-Württemberg – die müssen's ja wissen. Das Stuttgarter Staatstheater wurde von der Kritik vier Mal als »Theater des Jahres« und insgesamt sechs Mal als »Opernhaus des Jahres« ausgezeichnet. Und das Stuttgarter Ballett ist seit den Zeiten von Direktor John Cranko und Primaballerina Marcia Haydée weltberühmt. – Das Festspielhaus in Baden-Baden ist mit seinen 2500 Plätzen zwar das größte deutsche Opern- und Konzerthaus – aber es verfügt nicht über ein festes Ensemble. Übrigens ist es weitgehend privat finanziert; vom Land erhält es Zuschüsse aus Rückflüssen der Spielbankabgabe.

8 Punkte

121 Mitten in der Landschaft steht ein Museum für Landschaftsmalerei. Mitten im Anstieg auf welchen Berg?

A Tiefenlachs

B Hohenkarpfen

C Langendorade

D Breitenbarsch

8 Punkte

122 Was kennt man aus Breisach am Rhein?

A Das Münster Unserer Lieben Frau in romanischer Klarheit mit dem farbig gefassten Kreuzrippengewölbe.

B Das Heilig-Kreuz-Münster mit dem pompösen Dachreiter und den siebzehn Glocken.

C Das Münster Sankt Peter und Paul mit dem zweithöchsten Kirchturm der Welt.

D Das Stephansmünster mit dem Schnitzaltar eines unbekannten Meisters und dem Wandbild des Jüngsten Gerichts von Martin Schongauer.

Antwort 121

B

Der Hohenkarpfen (912 m) bei Hausen ob Verena ist als markanter Zeugenberg der Schwäbischen Alb vorgelagert. Auf halber Höhe stößt man auf ein denkmalgeschütztes Fachwerkhaus: das Ökonomiegebäude einer ehemaligen Meierei der Herrschaft Karpfen dient seit 1986 als Kunstmuseum mit 300 m^2 Ausstellungsfläche. Getragen wird das Museum von einer eigens gegründeten Stiftung. In zwei bis drei Ausstellungen pro Jahr wird schwerpunktmäßig südwestdeutsche Landschaftsmalerei des 19. und 20. Jahrhunderts gezeigt – mit Bildern aus eigener Sammlung wie mit Leihgaben. Landschaft kann man auch vor dem Haus genießen: talwärts im Landschaftsschutzgebiet, bergwärts im Naturschutzgebiet bis zum Gipfel, auf dem früher eine Burg der Grafen von Lupfen stand und der einen prächtigen Rundumblick bietet. So wundert es nicht, dass der Hohenkarpfen in der Region zwischen Rottweil und Tuttlingen als beliebtes Ausflugsziel gilt.

Antwort 122

D

Von weitem schon sieht man das Stephansmünster, wenn man auf Breisach zufährt. Sein Bau begann um 1200 unter dem Zähringerherzog Berthold V., die Hauptarbeiten waren 1230 abgeschlossen. Die zwei beeindruckendsten Kunstschätze in dieser Basilika sind der hochgotische, aus Lindenholz geschnitzte Altar eines unbekannten Meisters mit den Initialen H. L. und ein 145 Quadratmeter großes Wandbild von Martin Schongauer, das das Jüngste Gericht darstellt und als bedeutendste mittelalterliche Wandmalerei nördlich der Alpen gilt. Der Flügelaltar entstand 1523 bis 1526 und thematisiert die Krönung der Gottesmutter, auf den Seitenflügeln sind die beiden Kirchenpatrone und die beiden Stadtpatrone dargestellt. Schongauers Monumentalgemälde, das in einem Bombenangriff des Zweiten Weltkriegs beschädigt wurde, entstand 1488 bis 1491 als Triptychon, das alle drei Wände der Westhalle bedeckt. Auf der Nordwand ist die Hölle, auf der Südwand das Paradies und dazwischen Christus als Weltenrichter dargestellt.

9 Punkte

123 Der in Baden-Württemberg liegende Teil des Odenwalds gehört vollständig zum ...?

A ... Biosphärenreservat Bodensee-Odenwald.

B ... Geopark Stromberg-Odenwald.

C ... Naturpark Neckartal-Odenwald.

D ... Flora-Fauna-Habitat-Schutzgebiet Odenwald-Baar-Heuberg.

9 Punkte

124 In welchem Museum spielt die Drehscheibe eine wichtige Rolle?

A Im Internationalen Kinderspielplatzmuseum Ravensburg.

B Im Europäischen Theatermuseum Mannheim.

C Im Deutschen Fernsehmuseum Baden-Baden.

D Im Süddeutschen Eisenbahnmuseum Heilbronn.

Antwort 123

C

Sieben Naturparke gibt es in Baden-Württemberg; sie bedecken 29 Prozent der Landesfläche. Einer davon ist der Naturpark Neckartal-Odenwald. Er umfasst 1292 Quadratkilometer, und zwar den baden-württembergischen Odenwald komplett und einige Randgebiete im Bereich Bergstraße, Kraichgau und Bauland. Den baden-württembergischen Odenwald findet man etwa nördlich der B 37 von Heidelberg über Eberbach nach Mosbach, nördlich der B 27 von Mosbach über Buchen nach Walldürn und westlich der B 47 von Walldürn Richtung Amorbach. – Teile dieses Gebiets gehören auch zum Geo-Naturpark Bergstraße-Odenwald, der Regionen aus Hessen, Bayern und Baden-Württemberg vereint. Biosphärengebiet gibt es in Baden-Württemberg nur eines, nämlich auf der Schwäbischen Alb (ausgezeichnet als UNESCO-Biosphärenreservat). Die Flora-Fauna-Habitat-Schutzgebiete (kurz: FFH-Gebiete) sind meist sehr kleinräumig; allein in Baden-Württemberg gibt es 260 davon.

Antwort 124

D

Das privat betriebene Süddeutsche Eisenbahnmuseum findet man auf dem Gelände des einstigen Bahnbetriebswerks im Heilbronner Stadtteil Böckingen. Sein Herz ist die funktionsfähige Eisenbahn-Drehscheibe aus dem Jahr 1943 mit Zufahrtsgleisen sowie Ringlokschuppen mit 14 Ständen. Die Fahrzeugliste umfasst 23 Dampfloks von der Schnellzuglokomotive bis zur Tender-Rangierlok aus dem Karlsruher Gaswerk, zwölf Dieselloks, zwei E-Loks, 26 Wagen und sieben Bahndienstfahrzeuge. Außer den restaurierten Fahrzeugen zeigt das Museum eine Dokumentation zur württembergischen Eisenbahngeschichte. Ganz ähnlich ist die Situation übrigens beim Deutschen Dampflok- und Modelleisenbahnmuseum im Tuttlinger Stadtteil Möhringen. Es ist ebenfalls in einem alten Bahnbetriebswerk untergebracht, ebenfalls mit funktionsfähiger Drehscheibe, und zeigt 26 Dampfloks. In Baden-Württemberg gibt es rund tausend Museen und Sammlungen, darunter einige, die Spielzeug, Theateraccessoires oder alte Fernsehgeräte präsentieren. Die drei unter A, B und C genannten Museen existieren allerdings nicht.

9 Punkte

125 Was findet man in Achern?

A Den höchsten Handymast Süddeutschlands.

B Das einzige Sensenmuseum Deutschlands.

C Keine Stadtteile.

D Ein Denkmal für den Erfinder des Baggerseebaggers.

9 Punkte

126 Am Südzipfel der mittleren Schwäbischen Alb wandert man im ...?

A ... Amtsgericht.

B ... Landgericht.

C ... Oberlandesgericht.

D ... Bundesgerichtshof.

Antwort 125

B

Zwischen 1852 und 1965 entstanden in den Sensenwerken Achern die begehrten Geräte, mit denen früher Wiesen und Felder gemäht wurden, außerdem Sicheln, Schaufeln, Sägen und andere Werkzeuge. Um 1900 wurden hier bis zu 125 000 Sensen pro Jahr geschmiedet. Die Sammlung mit dem ungelenken Namen »Sensen Handwerk Stadtmuseum Achern« zeigt die komplette Originaleinrichtung des Sensenwerks und mehr als 300 Sensen aus aller Welt sowie andere Erntegeräte und lässt den Beruf des Sensenschmieds plastisch werden. Das angeschlossene Heimatmuseum macht den Besucher mit weiteren ehemaligen Spezialitäten Acherns vertraut: der Produktion von Champagnerflaschen in der Glashütte, der Herstellung von Zylinderhüten und mit der Heil- und Pflegeanstalt Illenau, die der badische Dichter Heinrich Hansjakob in seinem Buch »Aus kranken Tagen« verewigt hat. Das Museum hat allerdings nur an etwa 14 Tagen im Jahr geöffnet.

Antwort 126

B

»Landgericht« heißt eine Hochfläche zwischen Lautertal und Schmiechtal, westlich von Ehingen (Donau). Die Eckpunkte bilden die Gemeinde Lauterach und die nach Ehingen eingemeindeten Dörfer Mundingen, Altsteußlingen und Kirchen. Südöstlich von Mundingen befand sich um 1200 die Gerichtsstätte der Grafen von Wartstein, woran heute noch so genannte »Landgerichtsbuchen« und ein Gedenkstein erinnern und wovon sich der Name ableitet. Die adlige Ortsherrschaft hielt hier unter freiem Himmel Gerichtstage ab, bis der Habsburgerkönig Albrecht I. vor 1300 die kleine Grafschaft erwarb. Die Ehinger Oberamtsbeschreibung von 1826 nennt die Stelle »ein nicht unmerkwürdiges Denkmal deutschen Alterthums«. Die Flur östlich von diesem Platz trägt den Namen »Totenbuch«. Das Gebiet steht unter Landschaftsschutz und ist nach der Flora-Fauna-Habitat-Richtlinie als FFH-Gebiet geschützt. Drei bemerkenswerte, große Trichterdolinen auf einem bewaldeten Bergrücken, etwa 500 Meter nordöstlich der Landgerichtsbuchen, sind als Naturdenkmal geschützt.

9 Punkte

127 Wer führte in Deutschland die Kundenkarte ein?

A Das Kaufhaus Breuninger in Stuttgart.

B Brenner's Park Hotel in Baden-Baden.

C Die Woolworth-Filiale in Pforzheim.

D Die Geschäfte des Wollhaus-Zentrums in Heilbronn.

9 Punkte

128 Was war der Mannheimer Ingenieur Carl Benz nicht?

A Erfinder des Autos – gleichzeitig mit Gottlieb Daimler.

B Namensgeber und einer der Gründer der Firma »Benz & Cie. Rheinische Gasmotorenfabrik in Mannheim«.

C Einer der Namensgeber der Automarke Mercedes-Benz.

D Namensgeber des Benzins.

Antwort 127

A

Das Stuttgarter Stammhaus der Kaufhauskette Breuninger war schon immer etwas Besonderes. Hier gibt es beispielsweise bereits seit 1908 eine Änderungsschneiderei – heute ist sie die größte in Deutschland. Breuninger in Stuttgart ist das einzige Modekaufhaus in Europa, das auch Anzüge und Kostüme nach Maß fertigt. Es war das erste deutsche Warenhaus mit Rolltreppen, mit Aufzügen, das erste mit eigenem Parkhaus. Und so war es nur logisch, dass Inhaber Heinz Breuninger die Idee der Kundenkarte importierte, die er bei einer USA-Reise kennengelernt hatte. Als erstes deutsches Einzelhandelsunternehmen bot Breuninger ab 1959 die Möglichkeit des bargeldlosen Einkaufs an. Heute besitzen mehr als eine Million Kunden eine »Breuninger Card«.

Antwort 128

D

Es ist tatsächlich das Benzin, mit dessen Name Carl Benz nichts zu tun hat. Es war der Chemiker Eilhard Mitscherlich (1794–1863), der die Bezeichnung »Benzin« erfand und ihn für den Stoff verwendete, der zuvor Benzol hieß. Das Wort »Benzol« wiederum leitet sich vom arabischen Namen für dieses Flüssigharz ab, luban dschawi, was soviel heißt wie »Weihrauch aus Java«. Der Chemiker Justus von Liebig (1803–1873) war der erste, der den Namen »Benzin« für den Stoff verwendete, den wir auch heute noch unter diesem Namen verstehen. – Der Badener Carl Benz, geboren 1844 im heutigen Karlsruher Stadtteil Mühlburg, gestorben 1929 in Ladenburg, und der Schwabe Gottlieb Daimler haben 1885/86 unabhängig voneinander das Auto erfunden. Am 29. Januar 1886 meldete Carl Benz sein (wegen der einfacheren Lenkung dreirädriges) Fahrzeug mit Verbrennungsmotor und elektrischer Zündung zum Patent an. Die Firma Benz & Cie. war um die Jahrhundertwende die weltgrößte Automobilfabrik. 1926 fusionierte sie mit der Daimler-Motoren-Gesellschaft zur Daimler-Benz AG, die Marke Mercedes wurde in Mercedes-Benz umgetauft.

9 Punkte

129 Wie heißt die Gegend ein Dutzend Kilometer südwestlich vom Blautopf?

A Lutherische Berge

B Dürersches Tal

C Kantsche Ebenen

D Lessings Felder

9 Punkte

130 Welcher Heilbronner Stadtteil heißt wie eine badische und eine württembergische Stadt?

A Weingarten

B Biberach

C Bahlingen

D Mühlhausen

Antwort 129

A

Man glaubt es kaum: Die Lutherischen Berge sind wirklich nach Martin Luther benannt. Allerdings indirekt. Denn die Gegend im Knie des Flüsschens Schmiech, nordwestlich von Ehingen (Donau) gelegen, gehörte zu einem Lehen der Württemberger an das Haus Freyberg. Als Pankratius von Freyberg 1581 ohne Nachkommen starb, zog Herzog Ludwig das Lehen ein, baute mit Neusteußlingen ein herrschaftliches Schloss und führte in dem Gebiet die Reformation ein. Seit damals waren die Bewohner »die Lutherischen« und die Gegend hieß fortan »Lutherische Berge«. Schloss Neusteußlingen verfiel im 19. Jahrhundert und wurde 1897 von dem Ulmer Zeitungsverleger, Stadthistoriker und Landtagsabgeordneten Eugen Nübling (1856–1946) nach alten Plänen neu aufgebaut.

Antwort 130

B

Alle vier Namen gibt's auf badischer wie württembergischer Seite: Weingarten (Baden) grenzt nördlich an Karlsruhe, Weingarten (ohne Zusatz) nördlich an Ravensburg, überdies hat Freiburg im Breisgau einen Stadtteil dieses Namens. Biberach liegt im Ortenaukreis, Biberach an der Riß in Oberschwaben, außerdem heißt eine Siedlung innerhalb der Gemeinde Forbach so – und der gesuchte Heilbronner Stadtteil. Bahlingen mit »h« findet sich am Kaiserstuhl, Balingen ohne »h« auf der Zollernalb. Mühlhausen liegt im Kraichgau, Mühlhausen im Täle im Kreis Göppingen und im Kreis Konstanz gibt es die Gemeinde Mühlhausen-Ehingen; Mühlhausen heißen außerdem Stadtteile von Stuttgart, Mühlacker und Villingen-Schwenningen sowie Ortsteile von Eberhardzell (Kreis Biberach), Herdwangen-Schönach (Kreis Sigmaringen), Oberstadion (Kreis Biberach) und Tiefenbronn (Enzkreis). – Biberach ist der nördlichste Heilbronner Stadtteil, er hat 5000 Einwohner und wurde bereits im Jahr 767 urkundlich erwähnt. 1974 wurde Biberach nach Heilbronn eingemeindet.

10 Punkte

131 Wie zeichnet sich Kehl beim Kraftfahrzeugbau aus?

A Hier werden Wohnmobile und Caravans hergestellt.

B Hier sitzt der weltgrößte Hersteller von Amphibienfahrzeugen.

C Hier wurde die Zündkerze erfunden und werden noch immer Zündkerzen produziert.

D Hier werden ausgediente Rheinschiffe zu Speditionsfahrzeugen umgebaut.

10 Punkte

132 In Stuttgart findet jedes Jahr »Bollywood & beyond« statt. Dabei handelt es sich um ..?

A ... ein großes indisches Filmfestival.

B ... einen internationalen forstwirtschaftlichen Kongress.

C ... einen britischen Kochwettbewerb, der sich um Fleischklops-Rezepte dreht.

D ... ein europäisches Turnier von Geheimsprachenerfindern.

Antwort 131

A

Die Bürstner GmbH stellt im Kehler Rheinhafen und in einem Zweigwerk in Wissembourg im Elsass mit 900 Mitarbeitern jährlich 4500 »Reisemobile«, 400 Mobil Homes und 3500 Wohnwagen her. Bürstner hat sich aus einer 1924 gegründeten Bauschreinerei entwickelt. 1958 stieg Bürstner mit dem »Delfin« in den Bau von Caravans ein, seit 1986 werden Wohnmobile in Alkoven-Bauweise produziert. Seit 1998 gehört Bürstner – wie die Firmen Dethleffs, Eriba, T.E.C. sowie Niesmann + Bischoff – zum Hymer-Konzern dessen Zentrale in Bad Waldsee (Landkreis Ravensburg) sitzt.

Antwort 132

A

Stuttgart ist Partnerstadt der indischen 14-Millionen-Einwohner-Metropole Mumbai, die bis 1996 Bombay hieß. In Mumbai, dem Zentrum der indischen Filmindustrie, werden jährlich 250 Unterhaltungsfilme in den Sprachen Hindi und Urdu gedreht. Mit drei bis vier Stunden Dauer sind sie wirklich abendfüllend; sie enthalten viele traditionelle Elemente, immer auch Tanzeinlagen, strahlende Schönheiten, Helden und farbenprächtige Ausstattung. Die Bezeichnung »Bollywood« kreuzt den alten Stadtnamen Bombay mit Hollywood als der Filmstadtbezeichnung per se. Das Stuttgarter Festival wird jährlich im Juli vom Filmbüro Baden-Württemberg veranstaltet. Gezeigt werden etwa 60 Produktionen, darunter auch Independent-, Dokumentar- und Kurzfilme aus anderen Gegenden Indiens, außerdem findet ein Rahmenprogramm statt. Auf dem Festival werden vier Filmpreise verliehen, darunter der »German Star of India« für Spielfilme. »Bollywood & beyond« ist das größte indische Filmfestival in Europa mit dem breitesten Filmangebot und das einzige Filmfestival in Deutschland, das ausschließlich dem indischen Film gewidmet ist.

10 Punkte

133 Wo kann man lebende Kängurus streicheln?

A Im australischen Restaurant »Sydney's« in Stuttgart.

B Im Institut für Diprotodontienstudien der Universität Heidelberg.

C Im Reisebüro »Down Under« in Reutlingen.

D Im Tierpark Bretten.

10 Punkte

134 Welcher Landkreis vergibt zwei verschiedene Autokennzeichen?

A Heilbronn

B Baden-Baden

C Waldshut

D Konstanz

Antwort 133

D

Wer hätte das gedacht? In Bretten (Landkreis Karlsruhe) findet man den größten Streichelzoo Deutschlands. Im Vorort Salzhofen gibt es seit 1970 begehbare Gehege mit Schweinen, Schafen, Ziegen, Eseln, Nandus, Damhirschen, Alpakas und eben Kängurus. Alle sind an Menschen gewöhnt, man kann sie streicheln und füttern. Auch mit den Tieren in den nicht begehbaren Gehegen – zum Beispiel Nasenbären, Zebras, Yaks, Kaninchen, Lamas oder Meerschweinchen – kann man gut Kontakt aufnehmen, auch sie kann man streicheln. Besitzer Jörg Willig züchtet außerdem Bonsai-Bäumchen und bietet mehrere Tausend davon zum Kauf an.

Antwort 134

D

Das Landratsamt Konstanz vergibt die Kennzeichen KN und BÜS. »BÜS« erhalten nur die Einwohner der deutschen Exklave Büsingen am Hochrhein, die mitten im Schweizer Hoheitsgebiet liegt. Heute gibt es keine Grenzkontrollen mehr, aber bis 2008 musste man den deutschen und den Schweizer Zoll passieren, wenn man von Deutschland her ins deutsche Büsingen fuhr. Wer ein »BÜS« am Auto trug, war sofort als Einheimischer zu identifizieren. – Büsingen gehörte jahrhundertelang zu Vorderösterreich. Die umgebenden Dörfer kamen im 18. Jahrhundert an die Eidgenossenschaft, doch Büsingen blieb, in Erinnerung an einen religiösen Streit hundert Jahre zuvor, »zum ewigen Ärgernis Schaffhausens« österreichisch. 1805 kam es an Württemberg, 1810 an Baden, und bis heute scheiterten alle Versuche, Büsingen im Gebietstausch in die Schweiz einzugliedern. Politisch gehört das 1500-Einwohner-Dorf zwar zu Deutschland, doch im Bereich der Wirtschaft gilt Schweizer Recht. So müssen hier beispielsweise nur acht statt 19 Prozent Mehrwertsteuer bezahlt werden.

10 Punkte

135 Wo steht die größte griechisch-orthodoxe Kirche außerhalb Griechenlands?

A Im Schwetzinger Schlossgarten.

B In Esslingen am Neckar an der Bahnlinie Stuttgart–Ulm.

C In der Lichtentaler Straße in Baden-Baden.

D In Stuttgart auf dem Württemberg.

10 Punkte

136 In zwei baden-württembergischen Bergwerken wird Steinsalz abgebaut. Wie groß ist die gemeinsame Jahreskapazität?

A 4,5 Tonnen

B 450 Tonnen

C 45 000 Tonnen

D 4,5 Millionen Tonnen

Antwort 135

B

Die griechisch-orthodoxe »Kirche der Verkündigung der Gottesmutter« in Esslingen wurde 1993 bis 1995 nach Plänen von Dimitrios Christidis und Ioannis Georgarekis im Stil einer byzantinischen Basilika errichtet und mit einer prächtigen Innenausstattung versehen. Mit 5000 Mitgliedern gehört die griechische Gemeinde in Esslingen zu den großen der insgesamt 53 (teilweise rumänischsprachigen) Kirchengemeinden der griechisch-orthodoxen Metropolie in Baden-Württemberg. Die Kirche steht in der Dammstraße 1, in einem Gebiet zwischen der viergleisigen Bahnlinie und dem Neckarfreibad. Nur durch einen Aldi getrennt, erhebt sich gleich daneben, in der Rennstraße 9, eine der größten Moscheen in Baden-Württemberg, die Yunus-Emre-Moschee des Türkischen Islamischen Kulturvereins mit einem 440 Quadratmeter großen Gebetssaal und einem 25 Meter hohen Minarett.

Antwort 136

D

Die Südwestdeutsche Salzwerke AG betreibt in Heilbronn ein Steinsalzbergwerk mit zwei Schächten. Es existiert seit 1883 und wurde 1984 mit dem Salzbergwerk in Bad Friedrichshall-Kochendorf durch einen Stollen verbunden. In Kochendorf wurde die Salzgewinnung 1994 eingestellt, der Schacht wurde zum Besucherbergwerk umgebaut (Wiedereröffnung nach Renovierung am 1. Mai 2012). Das Bergwerk in Heilbronn ist mit einer Kapazität von 4 Millionen Tonnen Steinsalz pro Jahr das größte in Westeuropa. Das Salz ist für Industrie, Gewerbe, als Speisesalz und für den Winterdienst bestimmt. – Das Salzbergwerk im Haigerlocher Stadtteil Stetten (Zollernalbkreis) ist eines der ältesten Deutschlands. Der damalige Herrscher über Hohenzollern, König Friedrich Wilhelm IV. von Preußen, befahl 1852, den Schacht abzuteufen. Seit 1960 gehört das Werk der Wacker Chemie AG, die bis zu 500 000 Tonnen Salz pro Jahr fördert – anfangs ausschließlich für den eigenen Gebrauch, heute vorwiegend als Streusalz. In der chemischen Industrie ist Salz unter anderem zur Chlor-, Soda-, Natron- und Siliziumherstellung unentbehrlich.

11 Punkte

137 Wo werden Künstlerentwickler ausgebildet?

A Im Fotolabor der Staatsgalerie Stuttgart.

B In der Popakademie in Mannheim.

C In der Hochschule für Kirchenmusik in Tübingen.

D In den Textildesignstudiengängen der Hochschule Reutlingen.

11 Punkte

138 Sie gilt als erfolgreichste und auflagenstärkste Kriminalautorin deutscher Sprache. In Schanghai wurde sie geboren und sie lebt in ...?

A ... Öhringen.

B ... Gaggenau.

C ... Biberach an der Riß.

D ... Weinheim.

Antwort 137

B

Nachdem die Musikhochschulen im Land eher die klassischen Fächer pflegen, wurde 2003 in Mannheim die Popakademie Baden-Württemberg gegründet – ein Gemeinschaftsprojekt des Landes, der Stadt, des Südwestrundfunks und von Firmen der Musikindustrie. Hier kann man unter anderem »Musikbusiness« studieren, eine praxisorientierte Ausbildung für die Berufe hinter den Kulissen, die mit den Grundlagen der Musikwirtschaft ebenso vertraut macht wie mit Unternehmensmanagement, Medienkunde oder Popmusikgeschichte. Fürs Hauptstudium wählt man einen Schwerpunkt, nämlich Marketing- und Vertriebsmanager, Businessmanager, Communitymanager, Digital Innovation Manager oder eben Künstlerentwickler. Beruflich wird man dann Produktmanager eines Plattenlabels, »A&R« (»Artists and Repertoire«, Programmverantwortlicher einer Plattenfirma), persönlicher Manager eines Musikers oder einer Band oder auch »Artist Coach«.

Antwort 138

D

Die Rede ist von Ingrid Gullatz, die unter ihrem Mädchennamen Ingrid Noll bislang zehn Kriminalromane und etliche Bände mit Kurzkrimis und Erzählungen publiziert hat. Alle ihre Krimis hielten sich über Wochen hinweg auf der Spiegel-Bestsellerliste; ihre Bücher wurden in 21 Sprachen übersetzt, mehrere wurden verfilmt. Geboren ist Ingrid Noll 1935 in Schanghai, aufgewachsen in Nanjing und Bonn-Bad Godesberg. Ihre frühe Heirat führte sie nach Weinheim (Rhein-Neckar-Kreis), wo sie zwei Söhne und eine Tochter bekam und ihren Mann in seiner Arztpraxis unterstützte. Erst mit 54 Jahren, als die Kinder aus dem Haus waren, verfasste sie ihren ersten Roman. Ihre bekanntesten Bücher sind »Der Hahn ist tot«, »Die Apothekerin« und »Kalt ist der Abendhauch«. Ihr zweiter Roman, »Die Häupter meiner Lieben«, wurde mit dem Friedrich-Glauser-Preis ausgezeichnet, 2005 erhielt sie überdies den Ehren-Glauser. Im Mittelpunkt ihrer Krimis steht nie die Tat als solche, sondern die Frage nach den psychologischen Hintergründen: »Bei mir entwickelt sich die Handlung aus den Figuren heraus«, sagt Ingrid Noll.

11 Punkte

139 Wussten Sie schon? Das einzige Kalendermuseum Europas befindet sich in ...?

A ... Hayingen.

B ... Hechingen.

C ... Hettingen.

D ... Hüfingen.

11 Punkte

140 Warum wurde in Villingen-Schwenningen ein historisches Bahnwärterhaus zur Riesen-Kuckucksuhr umgebaut?

A Weil so die Stromversorgung der Deutschen Bahn AG zum Betrieb der Uhr genutzt werden kann.

B Das Bahnwärterhaus liegt an der Schwarzwaldhochstraße, so sehen es jährlich Tausende von Touristen.

C Nach dem Einsturz eines Kirchturms benötigte man eine weithin sichtbare Uhr.

D So wird an den Ursprung des Kuckucksuhr-Designs erinnert.

Antwort 139

B

Es begann 1972 – Friedrich Bayer war völlig fasziniert von einem Wandkalender der Firma Zeiss, der Fotos von Mondlandungen zeigte, die mit Zeiss-Objektiven aufgenommen worden waren. Viel zu schade zum Wegwerfen! Bayer begann zu sammeln – Wandkalender, Tischkalender, Taschenkalender, Scheck- und Ansichtskartenkalender, Timer und Planer, künstlerische Kalender, Fotokalender, Imagekalender, Jahreswandplaner – 16 300 Kalender aus vier Jahrhunderten hat er bis heute zusammengetragen. Eine solche Sammlung will man natürlich zeigen. Bayer bestückte Sonderschauen und 2009 gründete er das Deutsche Kalendermuseum, das im Oldtimermuseum in der Oberen Mühlstraße in Hechingen Unterschlupf gefunden hat. Man sieht hier ein Stück Alltagsgeschichte – herrlich die Kalender der Trikotwarenfabriken aus den Fünfzigerjahren! – und staunt über die Vielfalt der Themen, der Motive, der Gestaltung und der Herstellungsverfahren.

Antwort 140

D

Schwarzwälder Kuckucksuhren gab es seit Mitte des 18. Jahrhunderts. Ihre altmodische Gestaltung mit bemalten Uhrenschilden setzte dem Absatz im 19. Jahrhundert allerdings deutliche Grenzen. Robert Gerwig, der Gründer und Direktor der Uhrmacherschule in Furtwangen, rief deshalb im Jahr 1850 Künstler auf, moderne Gehäuse für Schwarzwalduhren zu entwerfen. Der favorisierte Designvorschlag stammte von Friedrich Eisenlohr (1805–1855), dem Karlsruher Architekten, der für die Badische Staatseisenbahn sämtliche Bahnhöfe zwischen Mannheim und Freiburg samt 300 Bahnwärterhäuschen entworfen hatte. Eisenlohr versah die vereinfachte Fassade eines Bahnwärterhäuschens mit einem Zifferblatt, und fertig war der Prototyp der heute weltbekannten Kuckucksuhr. Sie verkörperte ein Stück Eisenbahn, die fortschrittlichste Technik des 19. Jahrhunderts, und wurde unglaublich erfolgreich. Anlässlich der Landesgartenschau in Villingen-Schwenningen wurde 2010 ein Bahnwärterhäuschen aus dem Jahr 1869 an der Strecke Villingen–Rottweil zur Kuckucksuhr »in Originalgröße« umgebaut.

12 Punkte

141 Wo unterhält das Land Baden-Württemberg ein Gestüt?

A In Gemmingen

B In Gomaringen

C In Gomadingen

D In Gottmadingen

12 Punkte

142 Wie viele Runden werden bei der Formel 1 auf der einzigen Formel-1-Strecke in Baden-Württemberg gefahren?

A 37

B 67

C 97

D 127

Antwort 141

C

Der Weiler Marbach an der Lauter ist ein Ortsteil von Gomadingen (Kreis Reutlingen). Seit Mitte des 16. Jahrhunderts gibt es hier ein Hofgestüt; ursprünglich wurde es sogar schon 1457 im Einsiedel bei Tübingen gegründet. Heute untersteht das Haupt- und Landgestüt Marbach dem Ministerium für Ernährung und Ländlichen Raum Baden-Württemberg. Es umfasst Gestütshöfe in Marbach, Offenhausen und Sankt Johann sowie vier »Vorwerke«, also unselbständige Betriebsteile. Insgesamt stehen hier rund 400 Stuten, Hengste und Fohlen aus sechs Rassen. Weltbekannt ist die Vollblutaraberzucht. Die Aufgabe des Hauptgestüts ist die Pferdezucht, die Aufgabe des Landgestüts, den Deckstationen in Baden-Württemberg – man nennt sie »Beschälplatten« – geeignete Hengste auszuleihen. Beliebt bei Besuchern sind die Veranstaltungen in Marbach – allen voran die Hengstparade. Gestütsführungen und Kutschfahrten erfreuen die Ausflügler.

Antwort 142

B

Seit einigen Jahren wechseln sich der »Hockenheimring Baden-Württemberg« und der Nürburgring in der Eifel (Rheinland-Pfalz) bei der Austragung des Grand-Prix-Laufs der Formel 1 in Deutschland jährlich ab. In geraden Jahren ist der Hockenheimring dran, dessen Streckenlänge auf dem Großen Kurs 4574 Meter beträgt. 13 Kurven müssen die Fahrer pro Runde nehmen. Beim Großen Preis von Deutschland werden 67 Runden gefahren, was einer Streckenlänge von 306,5 Kilometer entspricht. Den Rundenrekord bei einem Formel-1-Rennen hat 2004 Kimi Räikkönen auf McLaren-Mercedes aufgestellt: 1 Minute 13,78 Sekunden; das entspricht einer Durchschnittsgeschwindigkeit von 223 km/h. Der Hockenheimring wurde 1932 eingeweiht. An 320 Tagen im Jahr finden hier Veranstaltungen statt – die Deutsche Tourenwagen Masters, die Internationale Deutsche Motorradmeisterschaft oder das Beschleunigungsrennen NitrolympX, Konzerte, Messen, Fahrlehrgänge, Industriefahrten und seit 1970 Fomel-1-Rennen. Dabei haben auf den Tribünen 120 000 Zuschauer Platz.

12 Punkte

143 Wo wurde im Jahr 2004 die Europazentrale des US-amerikanischen Streitkräftesenders AFN eingerichtet?

A In Stuttgart

B In Heidelberg

C In Böblingen

D In Mannheim

12 Punkte

144 In Stuttgart gibt es ...?

A ... Europas einziges Skateboardmuseum.

B ... den höchsten Fernsehturm der Welt.

C ... für Rapper freie Drinks in allen Clubs.

D ... keinen Fahrradclub.

Antwort 143

D

AFN versorgt die Angehörigen der US-Streitkräfte weltweit mit informativen und unterhaltsamen englischsprachigen Radio- und Fernsehprogrammen. Die Zentrale von AFN Europe wurde 2004 von Frankfurt am Main auf das Gelände der Coleman Barracks nach Mannheim-Sandhofen verlegt. Hier wird ein Radio-Mantelprogramm erarbeitet, das die lokalen Stationen – in Bamberg oder Darmstadt, Spanien oder Griechenland, Grönland oder Italien – mit örtlichen Programmen ergänzen. Allerdings gab die US-Armee 2010 bekannt, dass die Coleman Barracks, wie nahezu alle Militäreinrichtungen in Mannheim und Heidelberg, bis zum Jahr 2015 geschlossen werden sollen. Nach diesen Plänen wird die AFN-Hauptverwaltung bis 2014 nach Kaiserslautern verlegt. Bestehen bleibt nur der Radiosendemast in Heidelberg-Wieblingen.

Antwort 144

A

Auf vier Rädern sind die Stuttgarter blitzschnell. Das gilt nicht nur für die Besitzer der heimischen Luxuskarossen, sondern auch für die zahlreichen Skater, die auf ihren Brettern waghalsige Tricks und Sprünge vollführen. Der Andrang war deshalb riesig, als FauxAmi, eine Vereinigung Stuttgarter Künstler und Medienschaffender, 2003 die Ausstellung »Skateboardfieber« zeigte. Die Schau wurde verlängert und wanderte dann sogar von Stuttgart nach Berlin. Im zweiten Untergeschoss des Stuttgarter Filmhauses fand sie schließlich als Museum eine dauerhafte Heimat (geöffnet immer sonntags von 16 bis 20 Uhr). Zu sehen sind rund 2000 Exponate – Originaldecks aus allen Dekaden, ihre Vorläufer (Rollschuhe), aber auch Accessoires. Man erfährt etwas über die technische Entwicklung des Skateboards, über das äußerst wichtige Boarddesign, über die erst allmählich einsetzende gesellschaftliche Anerkennung der Skater – und viel über die Menschen selbst, die skaten und für die ihr Sport oft eine besondere Art zu leben bedeutet.

13 Punkte

145 Wo liegt Nordschwaben?

A In der Heilbronner Gegend.

B Keine vier Kilometer von der Schweizer Grenze entfernt.

C Im Dreieck zwischen Karlsruhe, Mannheim und Heidelberg.

D Im Schwäbisch-Fränkischen Wald.

13 Punkte

146 In Baden-Württemberg werden schnelle Autos gebaut. Die Polizei blitzt sie mit mobilen Geschwindigkeitsmessgeräten aus ...?

A ... Tettnang.

B ... Backnang.

C ... Freudenberg.

D ... Widdern.

Antwort 145

B

Nordschwaben ist ein Stadtteil von Rheinfelden (Baden) im Landkreis Lörrach. Der bis 1974 selbständige Ort hat 311 Einwohner (Stand 31. Dezember 2010) und wurde Anfang des 12. Jahrhunderts erstmals urkundlich erwähnt (»Nortswaben«). Auch das Rheinknie und der Dinkelberg gehörten damals zum Herzogtum Schwaben, das sich vom Pfälzerwald bis zum Ries und zum Comer See erstreckte. Von einer Lage im Norden konnte allerdings auch seinerzeit keine Rede sein. Sehenswert ist in Nordschwaben die etwas abseits gelegene romanische Mauritiuskapelle mit Fresken aus dem 15. Jahrhundert und einem barocken Mauritiusaltar.

Antwort 146

A

Die 1977 gegründete Firma eso GmbH in Tettnang (Bodenseekreis) hat sich auf mobile Verkehrsüberwachungssysteme auf der Basis von optischen Sensoren und Lichtschranken spezialisiert. In seinem Bereich ist das Unternehmen in Deutschland der einzige und weltweit der führende Hersteller. Alle deutschen Bundesländer setzen die Geräte aus Tettnang ein. Die Abkürzung »eso« steht für »Elektronik – Service – Organisation«. Neuester Schrei ist ein digitales Gerät mit angeschlossener WLAN-Fotofunkeinrichtung und digitaler Kennzeichenerfassung, das bis zu vier Fahrspuren gleichzeitig überwacht.

14 Punkte

147 Welcher deutsche Popmusiker ist ein echter Baden-Württemberger?

A Non-Eric

B Get Well Soon

C Hubertus von Hohenlohe

D Killa Hakan

14 Punkte

148 Woher kommen die Hochdruckreiniger, mit denen die berühmtesten Denkmäler der Welt gesäubert wurden?

A Weinsberg

B Weißenau

C Wiesloch

D Winnenden

Antwort 147

B

Konstantin Gropper heißt der Mann, als Musiker nennt er sich – wie auch sein Musikprojekt – »Get Well Soon«. Er ist Komponist, Texter und Sänger zugleich. Auf seinem mehr als 50 000-mal vekauften Debütalbum »Rest Now, Weary Head! You Will Get Well Soon« hat er auch sämtliche Instrumente selbst eingespielt. Sein zweites Album, »Vexations«, wurde von der Kritik in höchsten Tönen gelobt. Zwischendrin hat er im Auftrag von Wim Wenders Filmmusik geschrieben. Gropper wurde 1982 in Biberach an der Riß geboren, ging in Ochsenhausen zur Schule, seine Eltern leben in Erolzheim (Kreis Biberach). Er selbst hat an der Uni Heidelberg und an der Mannheimer Popakademie studiert. Nach einer Zeit in Berlin lebt er heute wieder in Mannheim.

Antwort 148

D

Die Alfred Kärcher GmbH & Co. KG, gegründet in Stuttgart, sitzt seit 1939 in Winnenden (Rems-Murr-Kreis) und ist Weltmarktführer bei Hochdruckreinigern. Im Jahr werden mehr als sieben Millionen Geräte verkauft – neben Hochdruckreinigern für den professionellen und privaten Einsatz auch Kehrsaugmaschinen, Luftgebläse, Dampfbügelstationen und ähnliche Systeme. Alfred Kärcher (1901–1959) war Ingenieur und entwickelte 1950 den ersten europäischen Heißwasser-Hochdruckreiniger, den Dampfstrahler DS 350. »Kärcher reinigt die Welt«, heißt das Motto des Unternehmens. Seit mehr als 30 Jahren säubert es kostenlos bedeutende historische Monumente und Gebäude von Graffiti, Fettflecken, Kalkablagerungen, Flechten und den Folgen von Luftverschmutzung und Saurem Regen. Dazu gehören bislang mehr als 80 Denkmäler, beispielsweise die 284 Travertinsäulen des Petersplatzes in Rom, das Brandenburger Tor in Berlin, die Christusstatue in Rio de Janeiro, die Memnonkolosse in Luxor, die Freiheitsstatue in New York, die Präsidentenköpfe am Mount Rushmore in South Dakota oder die Nihonbashi-Brücke in Tokio.

15 Punkte

149 Im beschaulichen Pfedelbach (Hohenlohekreis) sitzt ein Weltmarktführer, den man hier nicht erwarten würde. Es ist ...?

A ... der Weltmarktführer bei der Produktion von Kronkorken.

B ... der Weltmarktführer bei selbsthaftenden Bratpfannen.

C ... der Weltmarktführer bei der Entwicklung und Herstellung von Schwerlastfahrzeugen.

D ... der Weltmarktführer bei traubenkernbasierten Cerealien.

15 Punkte

150 Warum sitzt der Last-Minute-Reiseveranstalter L'TUR in Baden-Baden?

A Der Name der Badestadt soll zur Buchung von Badeferien anregen.

B Wegen der Nähe zu Frankreich.

C Die Gründer haben ihr Geld im Baden-Badener Casino gewonnen.

D Weil hier auch der Südwestfunk seinen Hauptsitz hatte.

Antwort 149

C

In den idyllischen Weinbauort Pfedelbach führt noch nicht einmal eine Bundesstraße. Dennoch sitzt hier die »Tii Group – Transporter Industry International«, zu der neben der ebenfalls in Pfedelbach ansässigen Fahrzeugfabrik Scheuerle die Kamag Transporttechnik in Ulm und Nicolas Industrie in Champs-sur-Yonne (Département Yonne, Frankreich) gehören. Die Tieflader, 24-Achser und anderen Schwerlastfahrzeuge, die hier entstehen, transportieren Weltraumraketen, ganze U-Boote, historische Tempel, flüssiges Erz oder auch mal eine komplette Öl- und Gasplattform, die mehr als 14 000 Tonnen wiegt. Windkraftanlagen kommen so auf entlegene Schwarzwaldberge, Riesenteleskope zu ihren Aufstellorten in der chilenischen Atacama-Wüste. Die Unternehmensgruppe gehört dem Heilbronner Industriellen Otto Rettenmaier. 2005 baute seine Firma Nicolas die größte Sattelzugmaschine der Welt.

Antwort 150

D

Er ist ein Hansdampf in allen Baden-Badener Gassen: Karlheinz Kögel. Mit 23 Jahren kam er 1970 zum Südwestfunk (heute SWR), um die Sendung »Pop Shop« zu moderieren. Mit 29 gründete er die Media Control GmbH, die fortan die deutschen Schallplatten-Charts ermittelte. Drei Jahre darauf erfand Kögel die Last-Minute-Flugbuchung und gründete den Reiseveranstalter Medico Weltreisen, benannt nach seiner Freundin, der Schlagersängerin Paola del Medico. Verkauft wurden Restplätze auf Flügen nach Brasilien. 1987 tat sich Kögel mit Joachim Hunold zusammen, damals Vertriebsleiter des Düsseldorfer Charterfliegers LTU, später Chef von Air Berlin, und gründete LTUR (noch ohne Auslassungszeichen). Das revolutionäre Konzept: Leere Flugsitze und leere Hotelzimmer werden elektronisch erfasst, kurzfristig zusammengefügt und mit hohen Nachlässen verkauft. Statt der LTU stieg 1998 die TUI ein. L'TUR ist heute in sechs Ländern vertreten und Europas Marktführer für Last-Minute-Reisen. Seit 1987 hat Kögel in den Bereichen Tourismus und Medien ungefähr zehn weitere Unternehmen gegründet.